GW01606750

HISTOIRE DE LA ROME ANTIQUE

Deuxième édition mise à jour
8e mille

Que sais-je ?

À lire également en
Que sais-je ?

COLLECTION FONDÉE PAR PAUL ANGOULVENT

Alexandre Grandazzi, *Les origines de Rome*, n° 216.
Dominique Briquel, *Les Étrusques*, n° 645.
Patrick Le Roux, *L'Empire romain*, n° 1536.
Magali Coumert, Bruno Dumézil, *Les royaumes barbares en Occident*, n° 3877.
Joël Schmidt, *Les 100 histoires de la mythologie grecque et romaine*, n° 4044.

ISBN 978-2-13-078926-0
ISSN 0768-0066

Dépôt légal – 1re édition : 2012, septembre
2e édition corrigée, 4e tirage : 2021, février

© Presses Universitaires de France, 2012
6, avenue Reille, 75014 Paris

INTRODUCTION

L'histoire de Rome, c'est l'histoire extraordinaire d'une petite cité qui a failli disparaître cent fois en deux siècles (509-338), puis qui s'imposa à ses proches voisins, puis à toute une région, le Latium, puis à l'Italie (272), et enfin au monde tout entier, le monde de l'époque, le monde méditerranéen. Comment expliquer ce miracle ? Ni l'organisation politique, ni la vie économique, ni les structures sociales, ni les productions culturelles ne présentent de caractère extraordinaire.

Cette conquête a été effectuée par un régime aristocratique et par une armée de conscription. Aussi étonnant que le fait puisse paraître, Rome a souvent été contrainte au conflit ; ses habitants aimaient la paix, détestaient la guerre. Mais, quand il fallait la faire, ils la faisaient, et ils ne s'arrêtaient qu'à la victoire.

Puis cet Empire fut préservé pendant quatre siècles par une monarchie et par une armée professionnelle.

L'économie ne présentait pourtant aucune particularité par rapport à celles que pratiquaient les peuples voisins ; elle reposait sur le blé, base de toute l'alimentation. Les anciens lui ont ajouté la vigne et l'olivier, constituant la trilogie méditerranéenne des géographes, mais aussi le *garum*, une saumure devenue un condiment universel, la céramique, répandue partout, le textile, la métallurgie et le bois, si important et qui a laissé si peu de traces. Un fait mérite pourtant d'être relevé : la République a disposé d'hommes en grandes quantités, et elle a pu en envoyer partout, depuis le détroit de Gibraltar jusqu'aux confins de la Syrie ; le

Haut-Empire a connu un équilibre étonnant entre la population et la production.

La société que faisait vivre cette économie était, elle aussi, très proche de celles qui vivaient dans les pays voisins. À sa tête, se trouvaient les 300 familles (puis 600), les nobles qui dirigeaient l'État sous la République, qui le faisaient fonctionner sous le Haut-Empire. En dessous, les chevaliers se partageaient entre la fonction publique et les activités économiques. Une solide classe de notables municipaux, juste en dessous, dirigeait l'économie et la vie des cités ; passionnément attachés à la paix, ils aimaient l'Empire qui garantissait leur pouvoir.

L'Empire a été perdu par un régime monarchique et par une autre armée de métier. Les hommes libres, citoyens ou non, faisaient marcher l'économie ; ce n'était pas aux esclaves qu'incombait ce rôle, contrairement à ce que l'on a parfois cru aux XIXe et XXe siècles.

Les nobles surtout tenaient à la culture intellectuelle ; dans ce domaine, Rome n'a que peu apporté : beaucoup a été pris aux Grecs, ces Grecs si bien vaincus et pourtant si intelligents. C'est sans doute, pensaient les Romains, pour une raison religieuse. Car les Romains étaient persuadés qu'ils étaient le peuple le plus pieux du monde.

Puis une terrible crise a frappé l'Empire au IIIe siècle de notre ère. L'Empire s'en est remis et il a même connu une renaissance au IVe siècle. Vers la fin de ce même IVe siècle, l'Occident connaissait toutes sortes de difficultés, et devenait l'Occident barbare ; l'Orient au contraire trouvait la force d'une nouvelle renaissance, mais dans un contexte différent, et devenait l'Orient « byzantin » ; mais était-ce encore Rome ?

*

Actuellement, de nombreux débats agitent le monde scientifique. Il ne faut pourtant pas se laisser aller au pessimisme : un certain nombre de données peuvent être considérées comme acquises et bien des débats soit sont mineurs, soit sont de faux débats. On a posé des problèmes ; on les a parfois résolus.

Les historiens actuels utilisent toujours et encore les textes dits littéraires ; ils sont peu nombreux (un homme peut, dans sa vie, lire toute la littérature grecque et latine intéressant l'histoire de ce monde). Pourtant, à les lire, ils trouvent toujours du neuf. Ils ne peuvent plus se passer de l'épigraphie, de la numismatique, de la papyrologie et de l'archéologie. Dans ces domaines, la masse de documents est infinie, et chaque année apporte son lot de nouveautés.

Chapitre I

LES ORIGINES

La Ville de Rome est née le 21 avril 753 avant J.-C., du moins d'après une légende qui est à peu près confirmée par l'archéologie : le mythe recouvre la réalité en la déformant. Remarquons que le mot Ville s'écrit avec une majuscule quand il s'agit de Rome, l'*Urbs*.

I. – La géographie

Les conditions géographiques expliquent en partie le développement de Rome. Le premier habitat fut installé dans le Latium, sur la rive gauche du Tibre qui, à cet endroit, coule approximativement du nord vers le sud. C'est pour cette raison que les anciens ont employé l'expression de rive latine pour désigner la rive gauche, par opposition à la rive étrusque ou rive droite, située en Étrurie et qui commençait de l'autre côté de l'eau. Contrairement à la légende, Rome ne se répartissait pas sur sept collines, mais sur trois. À l'ère quaternaire, une langue volcanique venue des monts Albains et de la Sabine atteignit le Tibre. Puis l'érosion fit son œuvre et elle isola trois collines (du nord au sud : le Capitole, le Palatin et l'Aventin) tout en disséquant le plateau des Esquilies, qui se termina en quatre langues qui, vues d'en bas, donnent l'impression erronée qu'elles sont autant de collines (du sud vers le nord : Caelius, Esquilin, Viminal et Quirinal). Le Vatican ne fit partie de Rome que tardivement. Ces sept hauteurs isolaient deux dépressions, à l'emplacement du futur Forum et du futur Champ de Mars. Le Tibre quitte Rome à 13 m au-dessus du niveau de la mer. Les collines ont une hauteur moyenne de 50 m avec un sommet à 84 m au Quirinal.

La Ville est inséparable de son fleuve. Le Tibre enserrait dans son cours une île, l'île Tibérine, qui facilitait le passage entre le Latium et l'Étrurie. Il obéit actuellement à un régime méditerranéen contrasté, avec un débit moyen de 220-245 m³/seconde. Il est caractérisé par des minimums d'été et des maximums de printemps qu'accompagnent parfois des crues violentes, qui inondaient toutes les parties basses de la Ville et détruisaient les entrepôts, réduisant le peuple à la famine.

Fig. 1. – **Le site de Rome**

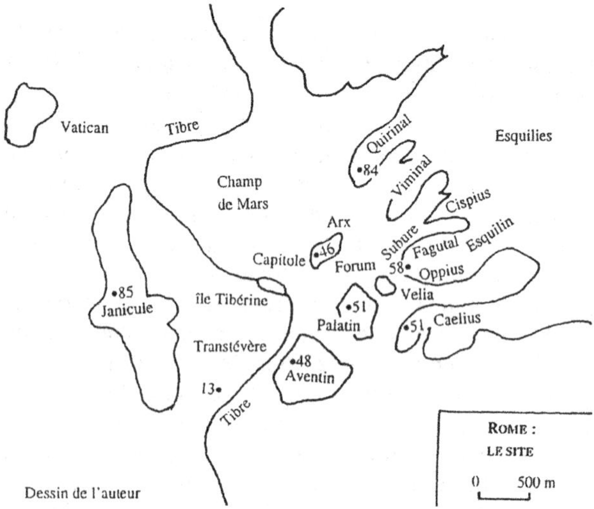

D'après Y. Le Bohec, *Urbs. Rome de César à Commode*, Paris, Éditions du Temps, 2001, p. 28, repris dans *Rome*, Paris, Puf, « Culture Guides », 2008, p. 17.

Nous ne redirons pas que la Ville était bien située ou qu'elle était située à un carrefour : on peut le dire de toutes les villes. Elle occupait une position centrale non seulement en Italie, mais encore en Méditerranée. Le Latium est une plaine pauvre et marécageuse, surtout dans sa partie littorale, proche de deux autres régions également basses mais riches, l'Étrurie au nord et la Campanie au sud. Il est dominé par les Apennins qui traversent toute l'Italie ; cette montagne Tertiaire atteint 2 487 m au mont Velino, à 80 km à l'est-nord-est de Rome. Il n'était séparé de l'Étrurie que par le cours du Tibre que longeait la route la plus ancienne, la *via* Salaria (route du sel). Plusieurs autres routes permettent de comprendre quelles relations ont nouées les Romains, et avec quels voisins. La *via* (voie) Aurelia remontait vers le nord, le long du littoral étrusque ; la *via* Cassia suivait la précédente, mais par l'intérieur des terres ; la *via* Aemilia remontait vers le nord-est et Rimini à travers les Apennins ; la *via* Caecilia rejoignait également l'Adriatique, mais en partant plein est ; vers le sud, la voie de Tibur (Tivoli) et la voie Latine rejoignaient la Campanie. Par la suite, l'Italie et le monde méditerranéen furent couverts de routes : tous les chemins menaient à Rome.

II. – L'histoire

Plus que la géographie, c'est l'histoire qui fit de Rome ce qu'elle fut.

En ce qui concerne l'histoire, elle s'appuie en partie sur la légende. Deux frères aux ascendances divines, Romulus et Rémus, voulurent fonder une ville. Ils se disputèrent pour savoir qui y exercerait l'autorité ; le débat tourna mal et Romulus tua Rémus.

En réalité, le premier peuplement important du site peut être daté, par les tessons de céramique qui y ont été retrouvés, de la fin de la seconde moitié du VIIIe siècle avant J.-C. ; des cabanes de bergers leur étaient associées, situées sur la rive gauche du Tibre ; ces habitants venaient peut-être d'Albe ou de Lavinium.

L'archéologie vient de révéler que le site de Rome a été occupé dès la Préhistoire et jusqu'au début du Ier millénaire, mais pas de manière continue (du moins n'en a-t-on pas de preuve). Les premiers habitants venaient sans doute de communautés différentes, peut-être étaient-ils des Latins, des Sabins et/ou des Étrusques. Les Latins formaient une branche des peuples italiens, qui eux-mêmes appartenaient au monde des Indo-Européens et qui sont arrivés dans la péninsule au cours du IIe millénaire. Mais c'est seulement au cours du VIIIe siècle avant notre ère que des paysans, sans doute des bergers, sûrement des Latins, vinrent bâtir des cabanes sur le site de Rome. Leurs cabanes se regroupèrent pour former des villages, qui se rejoignirent et donnèrent naissance à la Ville.

Ce fut surtout grâce aux Étrusques que les villages devinrent Ville. En aménageant un égout, la *cloaca maxima*, dont on peut encore voir la bouche au-dessus du lit du Tibre, ils asséchèrent un marais pour y installer le forum, avec une place pour les citoyens, le *comitium*, et une salle de réunion pour les anciens, la curie. Un pont permit de traverser le fleuve (le nom de Rome vient peut-être de l'étrusque *Rumon*, « pont »). Des temples, installés surtout sur la colline du Capitole, complétèrent le dispositif. Rome connut un siècle de civilisation étrusque.

Il est habituel de dire que la première Rome fut gouvernée par des rois étrusques. Certes, il ne fait aucun doute que les Étrusques y occupèrent une place importante. Mais ils ne furent sans doute pas toujours en conflit ni même en concurrence avec les Latins. Les objets dégagés par les archéologues présentent une assez grande diversité. Et la légende elle-même fait alterner des souverains aux noms latins d'abord, étrusques ensuite. D'ailleurs, les aristocraties italiennes ont toujours été très liées entre elles.

La légende nomme six rois, Numa Pompilius, l'organisateur de la religion, Tullus Hostilius, le père de l'armée, Ancus Martius, le bâtisseur, Tarquin l'Ancien, Servius Tullius, le fondateur de la vie civique, et enfin Tarquin le Superbe (« l'orgueilleux »), théoriquement responsable de la chute de ses compatriotes pour avoir violé une Latine, la vertueuse Lucrèce, en 509. L'archéologie montre qu'une révolution eut lieu au début du Ve siècle, ce dont témoigne l'arrêt des importations de céramique étrusque. Ainsi, en réalité, les Latins conquirent leur indépendance en chassant les Étrusques.

Chapitre II

LA RÉPUBLIQUE

Le mot « République » désigne un régime aristocratique dans lequel le peuple avait des droits, mais très limités. Rome représenta une exception dans le monde méditerranéen : ses habitants ne connurent jamais ne serait-ce que la tentation de la démocratie. Cette organisation n'empêcha pas des conflits qui faillirent faire disparaître la cité ; les guerres extérieures lui firent courir des risques analogues jusqu'à la fin du IIIe siècle et le succès de la conquête n'empêcha pas de nouveaux déchirements intérieurs ; bien plus, elle les favorisa.

I. – **Les séditions**

Les deux premiers siècles de la République, une période caractérisée dans sa totalité par un régime très aristocratique, furent marqués par de violents conflits socio-politiques qui opposèrent les patriciens aux plébéiens. La distinction entre ces deux groupes est plus difficile à établir qu'il n'y paraît. La différence ne résidait pas dans la fortune, car chacun des deux était dirigé par des hommes également riches, qui s'appuyaient sur une nombreuse clientèle, formée de pauvres obligés de les soutenir. Les patriciens possédaient le pouvoir, peut-être parce qu'ils l'avaient conquis en 509 sur les Étrusques, et les plébéiens en étaient exclus. Les patriciens, comme leur nom l'indique, formaient le conseil des *patres*, les Pères ou chefs de famille. Les plébéiens regroupaient peut-être d'anciens alliés des Étrusques, sans doute des étrangers et des affranchis, mais qui ne voulaient pas rester exclus du pouvoir. D'où des actions spectaculaires de leur part, nommées « sécessions de la plèbe ».

Dès 494-493, les plébéiens décidèrent de faire sécession et de fonder une ville concurrente sur l'Aventin, colline où se trouvaient leurs sanctuaires ; ce fut une des premières grèves de l'histoire. Une belle légende raconte que Ménénius Agrippa, un homme habile, vint leur raconter une fable comparant les parties du corps aux éléments de la cité : chacun devait travailler pour les autres. Dans la réalité, les plébéiens conquirent le pouvoir degré après degré. Ainsi, une loi de 445 abolit l'interdiction des mariages mixtes ; en 367, les plébéiens eurent accès au consulat ; en 356, à la dictature, une charge alors très honorable ; en 351, à la censure ; en 300, aux sacerdoces, bien que quelques prêtrises restassent aux mains des patriciens jusqu'à la fin de Rome (par exemple le souverain pontificat). Au cours des IVe et IIIe siècles, les riches des deux camps se rapprochèrent, notamment par des mariages, pour, finalement, ne former qu'une seule élite, « la noblesse » ou *nobilitas*. Le mot « plébéiens » changea de sens ; il fut réservé aux hommes libres et pauvres.

II. – Les guerres italiennes (509-272)

À plusieurs reprises, Rome faillit disparaître mais, à chaque fois, les légionnaires réussirent à inverser le cours de l'histoire à leur profit. Entre 509 et 338, des guerres incessantes menacèrent la Ville presque en permanence. Les Étrusques voulaient reprendre une ville perdue (guerre de Porsenna en 508 ou 507 ; guerre contre

Véies de 406 à 396) et les voisins, Sabins au nord-est, Èques à l'est (458) et Volsques au sud, voulaient la piller en même temps que détruire un ennemi militairement dangereux. Une guerre contre les Latins prit place dès 499 (ou 496). En 390, des Gaulois, qui s'étaient installés dans la plaine du Pô, s'ajoutèrent aux autres pillards ; ils revinrent en 367.

Mais les Romains n'avaient cessé d'améliorer leur armée qui, au milieu du IVe siècle (Tite-Live, VIII, 8), était formée de quatre légions, soit 20 000 fantassins lourds, équipés du casque, de la cuirasse, du bouclier, du glaive court à deux tranchants *(gladius)* et du javelot de jet et de hast *(pilum)*. Au combat, une légion était divisée en manipules, regroupements de deux centuries, qui étaient isolés les uns des autres et répartis sur trois lignes : hastats à l'avant, princes au centre et triaires à l'arrière. Ce dispositif conférait à l'ensemble la force (infanterie lourde) et la souplesse (isolement des unités).

Le besoin de sécurité sans doute poussa les Romains à de dures guerres contre les Samnites, dans des montagnes d'accès difficile. La tradition énumère trois guerres samnites, en 343-341, 326-304 et 298-290. Puis les Campaniens et les Latins s'unirent contre les Romains. La ligue latine attaqua de 340 à 338 mais, à la fin, elle fut battue. En 338 eut lieu un événement extraordinaire : au lieu de réduire en servitude ses ennemis à terre, le vainqueur accorda la citoyenneté romaine au vaincu. Des mariages entre nobles avaient préparé cette mesure, qui fut mise en application avec lenteur, et qui eut des conséquences politiques et militaires considérables : un État romano-campanien fut créé et il disposa d'une multitude de légionnaires.

Rome passa de la défensive à l'offensive, non sans mérite. Le roi d'Épire, Pyrrhus, vint guerroyer dans le

Sud de l'Italie et en Sicile pour défendre les Grecs et peut-être les soumettre à son autorité. Les rencontres furent à peu près équilibrées, mais se terminèrent par une « victoire à la Pyrrhus » : le roi gardait la maîtrise du champ de bataille, mais il avait subi des pertes telles qu'il ne pouvait pas continuer. Il décida de partir en disant (ce qui est trop beau pour être vrai) qu'il laissait « un superbe champ de bataille aux Romains et aux Carthaginois ». En 272, la prise de Tarente achevait la conquête de l'Italie. Entre 338 et 272, il avait suffi de cinquante ans pour réaliser l'unification de la péninsule.

III. – Les guerres puniques (264-146)

Devenus maîtres de l'Italie, les Romains devaient poursuivre leurs guerres hors de la péninsule ; mais dans quelle direction ? Il est assuré qu'ils n'avaient pas un plan de conquête préétabli. Bien plus, dans leurs mentalités collectives, la guerre était un mal et la paix un bien, et Paul Veyne, dans un petit article, a rappelé que les Romains n'ont pas toujours été les agresseurs ; mais ils ne pouvaient s'arrêter que vainqueurs, ils ne devaient jamais capituler.

Le hasard les mit au contact de la Sicile (l'île ne faisait pas partie de l'Italie : ce nom était réservé à la péninsule) et des Carthaginois. Il est vrai que Rome et Carthage ambitionnaient de contrôler la Méditerranée occidentale.

Pour les Romains, les Puniques, ou Phéniciens d'Occident, avaient d'abord été des alliés politiques et des partenaires économiques. Dès 509, un premier traité aurait été conclu entre eux, et ils se seraient partagé la mer de l'Ouest pour y exercer leurs activités. L'expansion romaine amena toutefois une confrontation. Rome, puissance dominante en Italie, et Carthage, puissance établie en Afrique du Nord, ont toutes deux l'ambition de contrôler la Méditerranée occidentale. C'est autour de la Sicile (territoire en partie Carthaginois) que les deux civilisations s'affrontent pour la première fois. Ce fut la première guerre punique (264-241), marquée, pour les Romains, par une série de victoires navales (Myles, 260 ; Ecnome, 256 ; îles Aegates, 241), par une défaite sur terre (Tunis, 255) et une autre sur mer (Drépane, 249). Cette répartition des succès et des échecs peut paraître surprenante : les Carthaginois avaient la réputation d'être de brillants marins et les Romains de solides paysans. En fait, ces derniers possédaient depuis longtemps une marine performante, et les autres étaient excellents pour la marine commerciale, non pour la marine de guerre. Finalement, la Sicile occidentale devint la première province romaine. Peu après, la Sardaigne et la Corse furent prises aux Carthaginois par les Romains.

Vingt ans plus tard, Hannibal, fils d'Hamilcar, un des Carthaginois vaincus, voulut donner une revanche à sa patrie et provoqua la deuxième guerre punique (218-201). Maître du Sud de la péninsule Ibérique, il entama une odyssée spectaculaire, de Carthagène à Turin (traversée du Rhône et des Alpes), puis il remporta quatre victoires éclatantes en Italie (Le Tessin et La Trébie en 218, Trasimène en 217 et Cannes en 216). La bataille de Cannes est restée comme un modèle encore étudié dans les écoles de guerre. Sous l'influence de Fabius le Temporisateur, le *Cunctator*, les Romains renoncèrent provisoirement aux batailles rangées, inventèrent des stratagèmes (la pratique de la ruse était pourtant contraire à leur éthique traditionnelle), et ils étouffèrent littéralement Hannibal dans le Sud de l'Italie. Dans le même temps, Scipion attaquait les Carthaginois en Espagne et Métellus les Syracusains, devenus leurs alliés. Puis Scipion débarqua en Afrique ; le Sénat de Carthage demanda à Hannibal de défendre sa patrie. Il fut battu à Zama (202). Le traité de 201 fit perdre aux Carthaginois leur empire et réduisit leur domaine aux limites d'une agglomération.

Le conflit que la tradition appelle « troisième guerre punique » (148-146) se réduisit au siège, à la prise et à la destruction de Carthage. Le Nord de la Tunisie actuelle fut transformé en province, livré aux immigrants italiens, paysans ou commerçants ; mais ni la langue ni la religion puniques ne furent interdites.

IV. – Les Grecs

Les Romains ont toujours éprouvé deux complexes face aux Grecs : de supériorité face à un peuple vaincu et d'infériorité face à un peuple d'intellectuels. Cette ambiguïté fut résumée par le poète Horace : « La Grèce vaincue conquit son sauvage vainqueur, et elle apporta la civilisation aux paysans latins. » Les plus cultivés d'entre eux admiraient la littérature, la philosophie et les œuvres d'art produites par ce pays. La Grèce, pour toutes ces raisons, en plus du fait que des siècles de civilisation y avaient entassé des trésors, ne pouvait qu'attirer les convoitises.

En prélude, trois guerres (230-229, 219 et 172-168) donnèrent aux légions romaines le contrôle de l'Illyrie, approximativement l'ex-Yougoslavie. De même, la conquête de la Grèce se fit en trois temps (plus un) et concerna surtout la Macédoine. Les Romains, qui reprochaient au roi de ce pays, Philippe V, d'avoir été un allié (très théorique en réalité) d'Hannibal, remportèrent la victoire. Ils y envoyèrent ensuite un magistrat philhellène, Flamininus, qui proclama « la liberté de la Grèce », au motif qu'on ne pouvait pas traiter les Grecs comme les Espagnols. Une deuxième guerre de Macédoine se termina par la victoire de Cynoscéphales en 197. Une troisième guerre de Macédoine s'acheva sur la défaite de Persée à Pydna (168). Un demi-siècle plus tard, une révolte générale du peuple grec entraîna une sévère répression (sac de Corinthe en 146). La Grèce fut divisée en deux provinces, la Macédoine au nord et l'Achaïe au sud.

V. – Les conquêtes consécutives

Sans l'opposition de Carthage, Rome put étendre son empire. À ce sujet, il faut éviter l'anachronisme. La conquête de régions riches et le contrôle de voies de communication, objectifs recherchés par les États modernes, n'étaient pas ceux des anciens, mais des conséquences ; de même, l'acquisition d'esclaves ne fut qu'un bénéfice collatéral. En réalité, les hommes de cette époque étaient eux aussi poussés par l'appât du gain, mais sous deux formes différentes des nôtres, le butin pour les soldats et le tribut pour le Sénat. Ils agissaient aussi pour des motifs psychologiques, la peur du voisin, une peur d'autant plus grande que ce voisin était mal connu, et le désir de commander pour ne pas avoir à obéir (les vaincus d'une bataille devenaient esclaves des vainqueurs). Ajoutons à ces explications l'ambition de quelques nobles sans scrupules (César en Gaule), et nous aurons le faisceau de causes susceptibles de provoquer des guerres. Tous les peuples partageaient cette conception des rapports « internationaux ».

Puis, le succès entraînant le succès, les conquêtes se succédèrent et Rome finit par ressentir le complexe du gendarme : le Sénat se sentit obligé de maintenir l'ordre dans le monde, c'est-à-dire en Méditerranée. En revanche, les Romains ne pratiquèrent jamais la guerre idéologique ou de religion. Bien plus, des freins existaient, qui limitaient les agressions : tout conflit devait être justifié.

La deuxième guerre punique avait eu des suites. Après avoir chassé les Carthaginois de la péninsule Ibérique, les Romains s'y trouvèrent engagés dans une œuvre de longue haleine, une conquête ininterrompue (212-19 avant J.-C.). Dans le même temps, ils attaquèrent la Macédoine puis, de là, la Grèce (215-146), ce qui les mena à affronter la Syrie (192-62). Ensuite, ils s'emparèrent de la Gaule méridionale (125-121) puis de la Gaule du Nord (58-51). Enfin, l'Égypte fut annexée à la suite d'une guerre civile, entre Octave d'un côté, et Antoine, allié à Cléopâtre, de l'autre (31-30).

VI. – **L'État**

Dans un texte célèbre, le Grec Polybe (VI, 11, 4) expliquait que les Romains étaient devenus invincibles parce qu'ils avaient élaboré des institutions parfaites qui combinaient avec équilibre les trois types de régimes possibles, la monarchie (les consuls), l'aristocratie (le Sénat) et la démocratie (les comices ou assemblées populaires).

En réalité, le peuple était bridé. Pour élire les magistrats inférieurs et voter les lois civiles, il était réparti en 35 tribus, 4 urbaines et 31 rustiques, ce qui avantageait les milieux ruraux, par tradition conservateurs. Pour élire les magistrats supérieurs et voter les lois militaires, il était divisé en 193 centuries censitaires ; les plus riches votaient d'abord, les autres ensuite, et le scrutin était clos dès qu'une majorité était atteinte ; de ce fait, les plus pauvres ne votaient jamais. Et le peuple ne s'est jamais plaint, ou presque jamais.

De même, le pouvoir des magistrats était lui aussi bridé. Ces derniers exerçaient leur pouvoir de manière collégiale, pour une seule année non renouvelable, et ils étaient spécialisés. Les questeurs s'occupaient des finances, les édiles de l'urbanisme, les préteurs de la justice ; quant aux consuls, ils dirigeaient la politique à l'intérieur et les armées à l'extérieur. Cette série de charges constituait la carrière des honneurs ou *cursus honorum*.

Restait donc le Sénat, qui exerçait véritablement le pouvoir, parce que les institutions le voulaient, parce que le peuple ne s'y opposait pas et parce que cette assemblée s'était distinguée en refusant la capitulation au moment où tous la croyaient inévitable, pendant la guerre contre Hannibal. Organe théoriquement délibératif, il émettait des avis sur tous les sujets, avis qui sont connus sous le nom de sénatus-consultes, et qui avaient fini par avoir force de lois. Il contrôlait l'essentiel : les finances, la diplomatie et la guerre.

VII. – **L'économie**

L'étude de l'économie dans l'Antiquité est difficile pour trois raisons. Tout d'abord, les mentalités et les besoins différaient de ce qu'ils sont actuellement. Ensuite, les sources ne permettent de connaître qu'une partie de l'iceberg, en l'absence de statistiques, et beaucoup de produits ont disparu sans laisser de traces, notamment le plus important, le blé. Enfin, la bibliographie est souvent partiale pour des raisons idéologiques. C'est ainsi que les modernes se sont demandé si l'on doit parler d'archaïsme ou de modernisme, ce qui est un faux problème, la spécificité de l'époque empêchant d'utiliser l'un et l'autre de ces mots.

Les conditions étaient dures, le relief et le climat jouant un grand rôle. L'État, normalement, n'intervenait jamais ; il ne faisait rien en cas de crise. Les moyens techniques étaient médiocres, et le recours aux esclaves n'a été important qu'en Italie et que pendant le siècle et demi qui va de la fin du IIIe siècle au milieu du Ier. Et si la monnaie fit son apparition au cours du IIIe siècle, elle circula moins que de nos jours. Ajoutons que nous connaissons mal la démographie et la conjoncture.

L'agriculture représentait l'essentiel de l'activité humaine, fondée sur la « trilogie méditerranéenne », blé-huile-vin. L'alimentation était très largement basée sur les céréales pauvres, qui fournissaient le pain, et l'huile apportait un complément énergétique. Le vin ne s'est développé que tardivement, surtout en Campanie et en Étrurie, mais il a donné matière à des exportations non négligeables. Fruits et légumes, viandes et poissons n'étaient servis de manière régulière que sur les tables des riches. L'artisanat produisait dans des conditions difficiles de la céramique, du textile, des objets en fer, et il recourait beaucoup au bois. Le commerce empruntait les voies romaines, moins nombreuses à cette époque, le cabotage, les fleuves et la mer ; il était déjà aidé par des banques et des compagnies d'assurance.

VIII. – **La société**

Les Romains étaient organisés suivant une société à la fois de classes (critères économiques) et d'ordres (critères juridiques) : la richesse entrait évidemment en considération, mais l'État jouait son rôle en établissant, lors du *census* quinquennal, des albums où étaient inscrits ceux qui le servaient (les sénateurs et les chevaliers) et ceux qu'il servait (les citoyens romains).

La société était évidemment hiérarchisée, et l'on peut distinguer six niveaux. 1/ Les sénateurs, quelque 300 familles au moins, possédaient une demeure dans Rome et des terres en Italie ; ils se mettaient au service de l'État en exerçant des magistratures (carrière des honneurs), des missions diverses (diplomatie, commandements d'armées, gouvernements de provinces...), et en participant aux séances de leur assemblée ; 2/ les chevaliers, parfois plus riches que les sénateurs, parfois apparentés à ces derniers, privilégiaient les affaires économiques, sans négliger le service de l'État (commandements militaires notamment, pour lequel ils recevaient un « cheval public »). Essentiellement propriétaires fonciers, ils pouvaient faire des affaires, activité théoriquement méprisée par les sénateurs (nous disons bien : « théoriquement ») ; 3/ les villes d'Italie étaient gérées par des notables, propriétaires fonciers, parfois fondateurs d'ateliers ou de boutiques. Ils n'aspiraient qu'à l'ordre, une valeur fondamentale pour eux ; 4/ les citoyens romains se répartissaient en paysans (90 % peut-être, l'essentiel de la population), artisans, commerçants et, au dernier siècle de la République, soldats ; 5/ le milieu des affranchis était plus divers qu'on ne l'a dit ; on trouvait chez eux une minorité dynamique, ceux qui avaient su acheter leur liberté, et une majorité misérable, les vieux esclaves que les maîtres libéraient pour ne plus avoir à les nourrir ; 6/ tout en bas de cette hiérarchie, les esclaves menaient une vie très dure, surtout quand ils étaient contraints à certaines activités, comme étaient les bergers, les gladiateurs et les prostitués. Ils recevaient leur statut par la naissance (« par le ventre », en suivant le statut de la mère). Un homme pouvait perdre la liberté au combat (captivité) ou en justice (condamnation) ; il pouvait être acheté sur un marché. Mais les Romains différaient des Grecs dans ce domaine. Ils avaient élaboré un droit des esclaves (propriété du pécule, de la tombe...) ; ces deniers étaient à leurs yeux des hommes, certes diminués, mais supérieurs à des machines ou à des animaux.

IX. – La culture

Il est généralement admis que les Romains ont contracté une énorme dette auprès des Grecs, qui les ont aidés à créer leur culture (à ce sujet, on ne peut pas manquer de renvoyer à Pierre Grimal, *Le Siècle des Scipions*). Ils ont notamment appris auprès d'eux les différents genres littéraires et la philosophie et ils ont acquis leur goût des œuvres d'art. Les deux premiers grands écrivains furent des auteurs de comédies, Plaute (v. 254-184) et Térence (v. 190-159). Mais l'histoire, à travers l'annalistique, la tragédie et la satire eurent leurs auteurs. Si, dans le domaine des idées, le scepticisme ne plut guère aux Romains, ils se laissèrent séduire par Platon et Aristote et, plus encore, à la fin de la République, par l'épicurisme qu'illustra Lucrèce (v. 98-55 avant J.-C.). Le recours au plaisir comme indicateur de la vérité apparut sans doute comme une solution parmi les difficultés du temps. L'apogée arriva rapidement avec Cicéron (106-43). Le personnage peut ne pas être sympathique, mais il a porté la langue latine à sa perfection. Il a laissé une correspondance très riche et passionnante, des discours prononcés pour défendre des particuliers ou des hommes politiques, et des traités théoriques consacrés à la rhétorique, à la philosophie et à la politique. Il essaya de réagir contre l'épicurisme par le stoïcisme et de proposer un ordre politique où le Sénat conserverait le pouvoir grâce à l'action d'un personnage doté de toutes les qualités, le prince. Les deux derniers grands écrivains de l'époque républicaine furent deux historiens, Salluste (87 ou 86-35) et César (100-44) qui porta son expression très près de la perfection cicéronienne. Les arts ont laissé moins d'œuvres marquantes. Dans ce domaine, il était plus facile d'importer que de produire. L'architecture recourait encore très souvent au bois, et beaucoup de monuments ont disparu sans laisser de traces ; on connaît surtout le complexe religieux découvert à Rome sur le Largo Argentina. Dans le domaine des arts figurés, quelques sculptures, notamment des bustes, révèlent l'importance des influences grecques, toutefois atténuées par un apport romain, le souci du réalisme.

X. – Les religions

La religion est le lien qui unit l'homme aux dieux, lien qui s'exprime par des mythes et des rites. L'historiographie actuelle privilégie la place de l'homme, son sentiment religieux, au détriment d'une étude de la mythologie. Les hommes demandaient surtout la nourriture, la santé (ils accordaient peu de confiance aux médecins) et la sécurité (contre les brigands et les envahisseurs). Ils pouvaient aussi demander tout ce dont les hommes croient avoir besoin : la richesse, l'amour, l'amitié, la chance aux courses de chevaux... La connaissance des dieux était acquise grâce aux mythes, qui étaient répétés dans les familles et parfois consignés dans la littérature. Le fidèle n'était pas obligé de croire à ces récits ; il pouvait n'en accepter qu'une partie ou, comme faisaient les intellectuels, élaborer une conception philosophique du divin.

Les dieux ainsi connus résultent d'une évolution. Les premiers Latins les concevaient le plus souvent comme des abstractions, appelées *numina* ; puis, sous l'influence des Grecs, ils ont élaboré une anthropomorphisation. Leur panthéon, indo-européen donc polythéiste comme celui qu'honoraient les Grecs, était dominé par la triade capitoline, Jupiter, Junon et Minerve, qui protégeait la cité.

Les autres dieux avaient chacun une ou plusieurs fonctions : Mars protégeait les armes et les champs, Mercure veillait sur les voyageurs, les commerçants et les voleurs. Cérès donnait le blé et Bacchus la vigne. Apollon et Salus (la bonne Santé) servaient de corps médical.

Pour obtenir satisfaction, il fallait pour le moins prier, en se mettant debout, paumes des mains tournées vers le haut pour les dieux du ciel et vers le bas pour les dieux des enfers ; c'est la position de l'orant. Les sacrifices d'animaux se révélaient plus efficaces. L'animal était tué et le célébrant faisait deux parts de sa dépouille : les fidèles mangeaient ce qui était comestible ; le reste était brûlé pour le dieu ; c'était un rite de communion. Quelques cas particuliers sont attestés : au cours de l'holocauste, la totalité de l'animal était brûlé ; on appelait hécatombe le sacrifice de 100 bœufs. On pouvait célébrer ces rites n'importe où, par exemple en pleine nature, mais il était préférable de procéder sur un autel, devant un temple. L'autel pouvait être un simple dé de terre ou de bois ; sculpté dans la pierre, il coûtait plus cher, mais il avait l'avantage de la durée. Les temples étaient bâtis sur un haut podium, à la différence des temples grecs. À l'époque républicaine, ils étaient de bois et de terre ; ceux qui avaient été conçus en pierre ont souvent été détruits sous le Principat pour être reconstruits de plus belle manière. À la différence de ce qui se passe dans les religions monothéistes, en règle normale il était interdit de pénétrer dans le temple parce qu'il était la demeure du dieu.

La deuxième guerre punique provoqua un grand désarroi dans les esprits. Un oracle assura aux Romains qu'il leur fallait importer dans leur capitale la pierre noire qui représentait la déesse anatolienne Cybèle. Le Sénat accepta (pouvait-il faire autrement ?), mais il veilla à « naturaliser » (M. Le Glay) cette déesse terriblement exotique ; elle n'en reçut pas moins un accueil d'une ferveur exceptionnelle : là commença l'arrivée en Occident des divinités dites « orientales ».

La magie et la superstition étaient très répandues. Le mortel pouvait par exemple demander aux dieux des Enfers d'intervenir en sa faveur en s'adressant à un magicien pour qu'il dépose dans une tombe une tablette de défixion, un texte magique gravé sur du plomb ou écrit sur un papyrus. Il pouvait également s'adresser à un haruspice qui étudiait le foie d'un animal sacrifié pour y lire l'avenir (« quand un haruspice rencontre un autre haruspice, disait Cicéron, ils ne peuvent pas s'empêcher de sourire »). Quant au mort, objet d'un culte, il vivait misérablement dans sa tombe, n'attendant des vivants que des rites qui lui redonnaient un peu de vie, et qui étaient des prières, des sacrifices et des repas funéraires. Une fête des morts était célébrée chaque année du 13 au 21 février *(feralia)*.

XI. – **La crise (133-31 avant J.-C.)**

En 133 éclata une crise qui couvait depuis longtemps, et qui ne se termina qu'en 31 avant J.-C. Elle mit un terme à la République aristocratique et ouvrit la voie de la monarchie impériale.

La crise fut, paradoxalement, causée par le trop grand succès de la conquête, qui permit « la vengeance posthume d'Hannibal » (A. J. Toynbee). Le processus a été bien analysé. Par la conquête, les riches s'enrichissaient et les pauvres s'appauvrissaient. À titre de butin, les nobles ramenaient de nombreux esclaves, main-d'œuvre bon marché qui leur permettait de mettre en valeur non seulement les terres qu'ils possédaient par héritage ou achat, mais encore celles qu'ils usurpaient sur le domaine public, l'*ager publicus*. À l'opposé, les soldats, de plus en plus longtemps et souvent absents de chez eux, laissaient la surveillance et l'exploitation de leur terre à une épouse qui ne pouvait pas résister à un voisin puissant ni sur le plan économique ni sur le plan juridique. Ils ne réussissaient pas, même quand ils étaient présents, à concurrencer la main-d'œuvre servile. Ruinés, ils fuyaient vers les villes, surtout vers Rome qui devint la plus grosse agglomération du monde, et ils y formaient une masse de chômeurs misérables. Là, ils entraient dans la clientèle des riches qui les avaient ruinés : le client appuyait son patron dans ses entreprises politiques ; en échange, il recevait une sportule, panier de provisions ou somme d'argent qui lui permettait de survivre.

Pourtant, le peuple ne se révolta pas et les Romains ne songèrent jamais à instaurer un régime démocratique. Autre paradoxe, la rupture vint d'aristocrates qui estimaient qu'il fallait récompenser les soldats, diminuer le nombre d'esclaves et donner du travail aux pauvres par une loi agraire, en leur confiant une partie de l'*ager publicus*. En 134, Tibérius Gracchus, gendre du prince du Sénat, se présenta au Tribunat de la plèbe, avec un programme simple : faire voter une loi agraire. Élu, il fit voter cette loi et, par là même, il fonda le mouvement des « populaires ». Se dressèrent contre lui d'autres aristocrates, emmenés par Scipion le deuxième Africain, qui se baptisèrent les meilleurs, les *optimates*, et dont le programme était également très simple : ils ne voulaient pas même entendre parler de loi agraire. Tibérius fut assassiné. Dix ans plus tard, son frère, Caius, fut élu sur le même programme et subit le même sort ; il est vrai qu'il avait renouvelé son tribunat de manière illégale. L'abandon provisoire de la loi n'empêcha pas le triomphe de l'idée.

L'échec des Gracques fut ressenti comme l'échec de la voie légale. Il y eut bien une dernière tentative, mais elle fut menée en 100 par des extrémistes, le tribun Saturninus et le préteur Glaucia. Le débat se transporta sur les champs de bataille de la guerre civile, chaque camp se rangeant derrière un *imperator*, « général victorieux par la volonté des dieux ». Les populaires, les premiers, se confièrent à Marius, qui revêtit une série de consulats illégaux à partir de 107. Pour lui faire pièce, les *optimates* trouvèrent Sylla. Les violences furent inouïes et l'on assista à une première prise de Rome par Sylla en 88, une deuxième par Marius en 87, une troisième de nouveau par Sylla en 83 ; la cruauté de ce dernier conflit fut aggravée par une proscription (on donnait ce nom à une affiche qui portait les noms de condamnés à mort, susceptibles d'être tués par n'importe qui ; l'assassin était récompensé par une partie des biens de la victime). Une révolte des Italiens contre Rome en 91-88 (on les appelait « alliés », *socii*, d'où le nom de « guerre sociale » donnée à ce conflit) et une guerre servile en 73 (célèbre révolte menée par Spartacus) secouèrent la péninsule. Mais, pendant les guerres civiles, les conquêtes continuaient, comme on l'a vu plus haut, au § V.

Après la mort de Marius et la démission de Sylla, la vie politique s'apaisa brièvement. Puis les *optimates* trouvèrent un nouveau chef en Pompée, qui s'entendit avec César, un populaire, en un premier temps (60-59), puis qui le combattit en un deuxième temps, dans une nouvelle guerre civile (49-45). L'assassinat de César, aux ides de mars (15 mars 44 avant J.-C.), survint alors que le parti des *optimates* était étrillé et que l'idée monarchique faisait son chemin dans les esprits. Les derniers républicains, Brutus et Cassius, furent vaincus et tués à Philippes (42). Ne restèrent plus face à face que deux populaires, Antoine, héritier spirituel de César, et Octavien, héritier testamentaire et parent du même César. Malgré l'appui de la reine d'Égypte, Cléopâtre, Antoine fut vaincu par Octavien, futur Auguste, à la bataille navale d'Actium (31 avant J.-C.). La République avait vécu.

Chapitre III

LE HAUT-EMPIRE : L'HISTOIRE

I. – Auguste (31/27 avant J.-C.-14 après J.-C.)

Auguste fonda un nouveau régime, et Rome passa de l'aristocratie à la monarchie sans transition démocratique comme cela s'était fait ailleurs dans le bassin méditerranéen. Vainqueur de la guerre civile, il ne se trouvait plus de concurrents après la bataille d'Actium. Disposant de temps (plus de quarante ans), il organisa son pouvoir, que résument ses titulatures. On y trouve des éléments politiques : il portait le nom de César, dictateur, et il était le chef du parti populaire. D'autres termes renvoyaient à des pouvoirs civils : il avait revêtu la puissance tribunicienne qui lui donnait le droit de casser les lois contraires aux intérêts de la plèbe et qui lui conférait une immunité sacrée ; il avait le consulat, devenu un simple honneur ; et, par le titre de Père de la patrie, il avait les droits juridiques d'un père sur ses enfants. Dans le domaine militaire, il commandait les armées en tant qu'*imperator*, mais il avait obligation de leur apporter la victoire. Il était surtout recouvert de charges religieuses : le nom d'Auguste était lié au titre de l'augure et à *auctoritas* ; le souverain pontificat en faisait le chef de la religion. La plupart des autres titres avaient un caractère plus ou moins sacré.

Toutes les réformes visant à renforcer son autorité se firent progressivement, de manière empirique : 27, partage des provinces avec le Sénat et titre d'Auguste ; 25, culte impérial à Tarragone ; 23, première puissance tribunicienne ; 12, souverain pontificat ; 2 avant J.-C., titre de Père de la patrie.

L'Empire connut pourtant une vie politique. Des forces existaient, qui ne s'exprimaient pas par des élections, mais dans des circonstances particulières.

Le Sénat se réunissait régulièrement et, même si quelques empereurs ont mis à mort des sénateurs, aucun n'a jamais songé à le supprimer, d'autant qu'il fournissait à l'État ses cadres civils, techniques et militaires. Le peuple romain ne demandait que « du pain et des jeux » (Juvénal) ; il ne votait plus. Mais il pouvait manifester sa colère de manière violente par des manifestations dans les rues, et les empereurs ont toujours veillé à son approvisionnement pour éviter ce genre de conflits.

De même, l'armée pouvait intervenir. Elle était pourtant divisée en deux parties. Les prétoriens avaient un rôle privilégié, car ils vivaient dans l'entourage de l'empereur à qui ils fournissaient une garde. Les légionnaires se trouvaient au contraire loin du prince, sur les frontières de l'Empire. Mais ils se considéraient comme les vrais citoyens romains et ils méprisaient aussi bien les prétoriens que les habitants de Rome, jugés oisifs et paresseux, vivant dans le luxe. Leurs interventions étaient rares et toujours pour le bien de l'Empire… et le leur.

Auguste eut recours aux chevaliers et, le premier, aux affranchis. Tous ses successeurs l'imitèrent, avec plus ou moins d'empressement, en particulier en ce qui concerne les affranchis impériaux, méprisés et jalousés à la fois. Il réorganisa l'armée, créant une garde impériale, fixant les légions sur les frontières et donnant un caractère permanent à la marine. Malgré un échec en Germanie, il réussit à agrandir l'empire de 25 % : il acheva la conquête de la péninsule Ibérique, annexa toute la rive droite du Danube, hérita de la Galatie et assura la mainmise sur l'Égypte.

Il diffusa une idéologie simple et efficace à travers les monnaies, à travers des inscriptions et des monuments qui avaient tous une signification politique. Il utilisait la tradition et la modifiait à son avantage. Les Romains, avons-nous dit, considéraient que la guerre était un mal, mais qu'elle ne devait être achevée que par la victoire qui donnait la paix, donc la prospérité. Il se plaça au cœur de ce schéma idéologique : c'est à lui que les dieux avaient donné le pouvoir pour qu'il apporte la victoire. De même, il utilisa très habilement la religion, unanimement respectée. Pour soigner les apparences, il restaura la tradition en reconstruisant des temples et en pourvoyant des sacerdoces abandonnés pendant la guerre civile. Mais, en réalité, il lui donna une « inflexion » en privilégiant Apollon et Mars, ses protecteurs personnels. Surtout, il laissa se créer le culte impérial.

Le retour à l'ordre favorisa l'éclosion d'un « siècle d'Auguste » dans les lettres (Tite-Live et Virgile, les poètes élégiaques) et les arts. De nombreux monuments ont été construits à son époque, dans Rome (Forum d'Auguste, temple d'Apollon sur le Palatin, Autel de la Paix, Mausolée) et dans les provinces (Maison Carrée de Nîmes, divers arcs).

Contrairement à ce qui était dit autrefois, il régla sa succession, et il le fit à la fois par l'association et par l'adoption : il donna la puissance tribunicienne successivement à son neveu Marcellus, puis à son ami Agrippa, puis à ses petits-fils, Caius et Lucius, et enfin à son beau-fils, Tibère.

II. – Les Julio-Claudiens

Assurément âgé et misanthrope, accusé par ses ennemis de lubricité et d'alcoolisme chronique, Tibère eut un règne long et ennuyeux (14-37). Le personnage s'était pourtant montré un excellent administrateur et un général encore plus compétent. La période fut marquée par des révoltes graves. Les semi-nomades qui vivaient en Afrique refusaient la sédentarisation imposée par la construction de routes qui traversaient leurs terrains de parcours. Ils suivirent un chef appelé Tacfarinas, un déserteur qui, entraîné à la tactique des Romains, tint tête aux légions de 17 à 24. À peu près à la même époque, en 21, une partie de la Gaule se révolta également à l'instigation de Florus et de Sacrovir ; les Turons (Touraine) et les Andécaves (Anjou) commencèrent, puis les Trévires (Trèves) et surtout les Éduens (Morvan) suivirent. Les révoltés étaient endettés, ils trouvaient qu'ils payaient trop d'impôts et ils supportaient mal l'arrogance des gouverneurs. L'armée intervint et réprima le mouvement sans trop de difficultés ; il fallut néanmoins une vraie bataille, près d'Autun, pour venir à bout des Éduens.

La vie politique fut un peu agitée, notamment parce que quelques sénateurs furent persécutés. En 31 fut découvert le complot de Séjan, le préfet du prétoire (chef de la garde prétorienne). Il avait eu l'idée étonnante pour un simple chevalier de tuer l'empereur et de prendre sa place. Il fut massacré avec toute sa famille. Pour échapper aux pressions du Sénat et du peuple romain, Tibère s'était retiré à Capri, d'où il assistait à ces événements.

Son successeur, Caligula (37-41), était assurément déséquilibré, et son règne prouva que l'Empire pouvait vivre sans prince grâce à ses structures militaires et administratives : la Maurétanie fut en effet annexée, et le trésor vidé. Il persécuta les sénateurs plus encore que n'avait fait Tibère et il fut tué à la suite d'un complot.

C'est l'oncle de ce jeune fou, Claude (41-54), qui lui succéda. Ce personnage ridicule d'après la tradition sénatoriale, qui le décrit comme un ivrogne, bègue, boiteux, jouet de ses affranchis et trompé par ses femmes, réalisa pourtant une œuvre importante. On le considère de nos jours comme un esprit très ouvert, moderne pour son temps, et sans préjugés excessifs. Il fit achever la conquête de la Maurétanie qui s'était révoltée en apprenant la mort de son roi, de manière plus violente à l'ouest (sac de Volubilis). Il entreprit de faire annexer la Bretagne (notre Grande-Bretagne), mission confiée à de très bons généraux, et il réduisit en provinces la Lycie, la Judée et la Thrace. Un document célèbre, une plaque de bronze appelée « les Tables claudiennes » (à tort, car il n'y en a qu'une), fait connaître avec davantage de précision que le texte de Tacite un discours qu'il prononça devant le Sénat. Il y demandait que des Gaulois puissent entrer au Sénat. L'illustre assemblée refusa poliment de recevoir en son sein des porteurs de pantalons. Enfin, il transforma l'administration en y introduisant de nombreux affranchis. C'est sans doute sa dernière épouse, Agrippine, qui l'empoisonna pour mettre au pouvoir son fils d'un autre lit, Néron.

Néron (54-68), un gros garçon capricieux, eut l'idée étonnante de fonder la politique sur l'esthétique. Et, comme son goût n'était rien moins que sûr aux dires de nombreux hommes cultivés de son temps, il ne s'entendit pas avec le Sénat où se trouvaient la plupart de ces esthètes ; d'où de multiples exécutions, dont celle de Pétrone, « l'arbitre des élégances ». Il fit aussi mettre à mort une mère peut-être abusive.

Il laissa à Corbulon le soin d'une guerre contre l'Iran, à d'autres bons généraux la mission de poursuivre la conquête de la Bretagne.

Un incendie de Rome (64) lui permit de persécuter les chrétiens et d'entreprendre la construction d'un palais qui annoncerait le nouvel Âge d'or, la Maison d'or.

Le soulèvement de la Judée mit en valeur un bon officier, Vespasien, qui prit pour lieutenant son fils aîné, Titus. La guerre fut dure et cruelle, marquée par des sièges dont les plus célèbres aboutirent à la prise de Jotapata, de Jérusalem et de Masada. Quand Vespasien dut partir pour Rome et pour la guerre civile, c'est Titus qui reprit le commandement de l'armée de Judée.

Les sénateurs excédés des foucades de Néron provoquèrent une guerre civile (68-69) : anti-Néron (Galba et le Sénat) et pro-Néron (Othon et les prétoriens, Vitellius et les légions de Germanie) s'affrontèrent jusqu'à ce qu'un tiers parti (Vespasien, appuyé par l'armée d'Orient) vienne rétablir l'ordre. Vespasien fut alors proclamé empereur, le quatrième pour les années 68/69.

III. – **Les Flaviens**

La dynastie des Flaviens commença bien et finit mal.

On a fait de Vespasien (69-79) un empereur « bourgeois », mot terriblement anachronique, mais qui donne une idée juste d'un personnage soucieux de ne pas bousculer l'Empire et de ne pas gaspiller l'argent public. En réalité, Vespasien était membre du Sénat et avait fait une carrière brillante, au-delà du consulat.

Il laissa des officiers rétablir l'ordre en Gaule, après les désordres de la guerre civile. Bataves, Trévires et Lingons furent remis sur le chemin de l'obéissance par Cerialis et par Frontin, auteur des *Stratagèmes* et aussi

Des aqueducs de Rome. Mais les notables gaulois, lors de l'assemblée de Reims, avaient déjà manifesté leur attachement à Rome, c'est-à-dire à l'ordre. Dans le même temps, son fils, Titus, mettait fin à la guerre juive qui aurait fait un million de morts (quelques extrémistes poursuivirent un conflit sans espoir).

On le crédite de réformes dans l'administration des provinces, des finances et de l'armée. Vespasien a surtout laissé son nom dans les affaires financières. Ayant remarqué que les teinturiers utilisaient de l'urine comme fixant pour les colorants, il mit une taxe sur ce produit. Son fils Titus lui ayant reproché une mesure qu'il trouvait peu élégante, il lui mit sous le nez les premières pièces d'or rapportées par la mesure : « Sens, dit-il, l'argent n'a pas d'odeur » ; par cette mesure, il laissa son nom à de petits édicules.

Son règne a également laissé un document important, le cadastre d'Orange, qui montre le partage des terres entre Gaulois et vétérans. C'est un grand document gravé comme une inscription.

Politiquement, il avait réussi à créer un tiers parti entre amis et ennemis de Néron, regroupant surtout ceux que la guerre civile avait lassés, la prise de Rome ayant été particulièrement violente. En particulier, il se montra respectueux du Sénat. Et, s'il fit détruire la demeure démentielle de Néron, la Maison d'or qui coupait Rome en deux, il fit entreprendre l'amphithéâtre Flavien ou Colisée, en hommage au peuple de Rome ; il mourut avant son achèvement.

Le fils aîné de Vespasien, Titus donc (79-81), se rendit célèbre par sa passion pour la reine de Judée, Bérénice (voir Racine), et par son amour des autres, si fort qu'on l'avait surnommé « les délices du genre humain ». Quelques historiens sceptiques pensent qu'il a surtout dû sa bonne réputation à la brièveté de son règne, marqué en outre par une célèbre éruption du Vésuve, qui ensevelit Pompéi et Herculanum, et qui tua Pline l'Ancien. Pline était amiral de la flotte de Misène et il voulut voir de près l'éruption ; il mourut étouffé, donnant ainsi à la science un de ses martyrs.

Titus mourut brutalement, d'une maladie mystérieuse qui a fait dire qu'il aurait été empoisonné. Son frère cadet Domitien (81-96) lui succéda. Ce dernier eut en revanche un assez long règne.

Sa politique fut en rupture avec celle de son père : il s'appuya sur les humbles contre les grands. D'une part, il augmenta le salaire des soldats, en ajoutant un quatrième versement annuel aux trois autres (cette solde n'avait pas été augmentée depuis un siècle). D'autre part, il persécuta les sénateurs.

Il fit bâtir de nombreux monuments dans Rome : il procéda à l'achèvement du Colisée, il fit construire des thermes dits de Titus, l'arc de Titus, le temple de Vespasien, le stade du Champ de Mars (l'actuelle place Navone en a gardé le plan), un palais sur le Palatin et le forum *transitorium*. On voit qu'il tenait à s'inscrire dans une dynastie, et il a voulu laisser les noms de son père et de son frère à travers ces bâtiments.

Aux frontières, l'armée romaine échoua dans sa tentative de conquête totale de la Bretagne. Agricola, beau-père de Tacite, réussit à contrôler l'ensemble de l'île, mais, après son départ, il fallut abandonner l'Écosse pour envoyer des renforts sur le Danube. Les Champs Décumates, la région qui se trouve entre les cours supérieurs du Rhin et du Danube (la région située autour de la Forêt Noire), furent ajoutés à l'Empire. En revanche, les armées romaines subirent de graves échecs sur le Danube, de la part des Daces (Roumanie actuelle), et leurs rois Diurpaneus, puis Décébale se jetèrent sur la province romaine de Mésie pour la piller. Un légat, gouverneur de province, et un préfet du prétoire furent l'un après l'autre vaincus et tués. Domitien préféra acheter la paix. L'aristocratie sénatoriale ne lui pardonna pas ces échecs et sa solution humiliante.

Ce ne fut pourtant pas du Sénat que vint sa fin. Il fut assassiné dans un complot organisé par sa femme, par des amis et par des affranchis.

IV. – Les Antonins

Les historiens actuels considèrent le siècle des Antonins comme l'âge d'or de l'Empire, une période marquée par des guerres victorieuses (le plus souvent) et une forte prospérité (en règle générale).

Arrivé au pouvoir à 70 ans, applaudi par les sénateurs et mal vu par les prétoriens, Nerva (96-98) s'acquit pour principal mérite le choix de son successeur, Trajan. Il dut faire face à une hostilité non voilée de sa garde et à des problèmes financiers difficilement solubles, Domitien ayant vidé les caisses.

Trajan (98-117) fut surtout un habile politique qui sut se faire passer pour un grand stratège. On a fait de lui un traîneur de sabre ; il était au contraire un intellectuel, adepte du stoïcisme, ami de Pline le Jeune et de Tacite.

On lui doit la création des *alimenta*, qui n'intéressaient que l'Italie. Des prêts étaient consentis à des paysans qui voulaient accroître leurs revenus et des orphelins étaient entretenus avec les intérêts de ces prêts.

Pour montrer sa supériorité sur Domitien, il conquit la Dacie, mais ce fut sans difficultés : c'était un petit pays, qui ne pouvait supporter la comparaison avec l'immense empire romain ; un véritable affrontement était perdu d'avance pour les Daces. En revanche, Trajan sut habilement mettre en scène les deux guerres daciques qui se terminèrent par la mort de Décébale. Avec l'or qu'il en retira, il fit creuser un port à Ostie et construire un forum dominé par la colonne qui raconte ses modestes exploits.

Par la suite, il fit annexer l'Arabie (à peu près la Jordanie actuelle). Les habitants n'opposèrent aucune résistance à une conquête attendue : l'Arabie avait été un protectorat et sa transformation en province achevait un processus engagé depuis longtemps.

Enfin, il s'attaqua à l'Iran. L'affaire tourna mal et, quand Trajan mourut, l'armée était sur le point de connaître la déroute.

À l'Espagnol Trajan succéda un compatriote, Hadrien (117-138), qui a laissé l'image d'un philosophe stoïcien et d'un intellectuel philhellène qui, après avoir participé aux guerres de Trajan, se convertit aux charmes de la paix.

Dès son arrivée au pouvoir, il conclut un traité avec l'Iran et se trouva mêlé à la répression de ce qui a été appelé « le complot des consulaires » : quatre généraux qui s'étaient illustrés sous Trajan furent accusés de vouloir le renverser et immédiatement mis à mort. Les sénateurs lui en voulurent beaucoup. Il fut donc considéré par les anciens comme un tyran et par les modernes comme un pacifiste. Le mot « pacifiste » est anachronique pour l'Antiquité ; disons simplement « pacifique » pour éviter l'anachronisme. Malgré son désir de paix, il dut écraser une dernière révolte juive (132-135), animée par Bar Kochba, et qui fut plus dure qu'on ne l'a dit.

Il fit beaucoup de voyages : en 121-125, il parcourut tout l'Empire ; en 128, il se rendit en Afrique ; en 128-132 enfin, il limita ses déplacements à l'Orient. Il attacha une importance particulière à Athènes, Éleusis et à l'Égypte. Les historiens se sont longuement interrogés sur le sens à donner à ces déplacements. Hadrien ne voulait pas résoudre une crise qui n'existait pas ni mieux administrer l'Empire. En revanche, il échappait ainsi à la pression du Sénat et du peuple de Rome.

On a voulu voir en lui un homosexuel. Lors d'un voyage en Égypte, un jeune et bel esclave bithynien, Antinoüs, mourut (suicide ou accident, on ne sait). Hadrien le divinisa, et cette extraordinaire transformation fut acceptée par beaucoup de monde. Il est possible qu'Hadrien ait eu des rapports sexuels avec ce jeune homme. Il est sûr en revanche que cette divinisation servait l'empereur : s'il pouvait faire d'un homme un dieu, qu'était-il donc lui-même, sinon un dieu très puissant ?

Hadrien resta mal aimé des sénateurs qui lui reprochaient la répression du complot des consulaires et cette relation.

Pour les modernes, il fut un grand intellectuel. Son attachement profond au stoïcisme, à la culture grecque (on le surnommait « le petit Grec », *Graeculus*) est prouvé par sa connaissance de la langue, par ses voyages à Athènes, par ses générosités à l'égard de cette ville et par son initiation à Éleusis.

Il a fait construire de nombreux monuments, à Athènes et à Rome. Il s'était fait bâtir près du Tibre un mausolée et à Tivoli une vaste demeure, qui lui permettait de vivre loin de Rome, loin du Sénat et du peuple. Il a attaché son nom à un mur célèbre construit en Bretagne et destiné à limiter les incursions des Calédoniens.

Après avoir désigné un successeur, Antonin le Pieux, il se laissa mourir de faim, en stoïcien.

Le règne d'Antonin le Pieux (138-161) illustre le dicton : « Les peuples heureux n'ont pas d'histoire. »

Au contraire, le règne de Marc Aurèle (161-180) fut rempli de bruit et de fureur. Sitôt investi, l'auteur des *Pensées* stoïciennes choisit comme associé Lucius Vérus et lui confia une guerre heureuse contre l'Iran (161-166). Mais dès 167, l'empereur passa sur la défensive : les

Quades et les Marcomans attaquaient sur le Danube en même temps qu'une épidémie s'y répandait. Il resta dans les camps jusqu'à sa mort.

Ce fut son fils, Commode (180-192), qui lui succéda. La paix fut vite rétablie sur le Danube. Mais des brigands parcoururent la Gaule (Maternus) et des complots se succédèrent contre un empereur qui était influençable, qui se prit d'abord pour un gladiateur, ensuite pour le dieu Hercule et qui se conduisait en ennemi des sénateurs. En 192, sa femme le fit étrangler par un athlète.

V. – **Les Sévères**

L'assassinat de Commode provoqua une guerre civile (193-197). Le Sénat appuya la candidature de Pertinax, qui fut vite tué. Alors, les prétoriens mirent l'Empire aux enchères et le vendirent à Didius Julianus, ce qui provoqua l'indignation de Septime Sévère, légat de Pannonie, mais aussi de Pescennius Niger, légat de Syrie.

Septime Sévère devint empereur par l'acclamation de ses légionnaires (193-211). Il dut mener une longue guerre civile. Tout d'abord, il prit Rome, où son premier rival avait été tué. Puis il marcha victorieusement contre Niger qui s'était allié à l'Iran et à des princes arabes. La guerre civile se transforma en guerre extérieure ; l'Iran fut écrasé et de nouvelles terres conquises à l'est.

Pendant ce temps, le légat de Bretagne, Clodius Albinus, sentit l'ambition le pousser. Il débarqua sur le continent et marcha sur Lyon où il s'installa. Il fut vaincu en 197 à la bataille de Lyon.

Les historiens sont partagés sur le règne de Septime Sévère. Les uns insistent sur ses victoires et ses réformes de l'armée pour dire qu'il fut un militaire. Il augmenta les soldes (la deuxième fois depuis Auguste !), il permit aux soldats de se marier, il améliora les approvisionnements, il permit aux sous-officiers de se constituer en collèges et il créa de nouvelles légions, augmentant les effectifs d'un dixième. D'autres constatent, au contraire, qu'à ce moment se plaça l'apogée du droit romain, et ils voient en lui un civil. En outre, l'impératrice Julia Domna anima une cour aux activités hautement intellectuelles. Les deux aspects ne sont pas incompatibles.

Enfin, l'empereur partit remettre de l'ordre en Bretagne (208-211) où il mourut.

Il laissa deux fils. Caracalla (211-217), l'aîné, était un homme à l'esprit pratique et peu porté sur les spéculations intellectuelles. Ne voulant pas partager le pouvoir avec son frère, Géta, il le fit tuer. Pour obtenir le soutien de l'armée, il augmenta les salaires des militaires, comme avait fait son père, dans des proportions que nous ne connaissons pas, mais qui étaient considérables. Par là, il aggravait le déficit des finances publiques au point qu'il rendait difficile, voire impossible, le paiement des sommes promises. Cette mesure eut donc des conséquences graves, souvent sous-estimées à l'heure actuelle.

Caracalla exerça le pouvoir à la manière d'Alexandre le Grand : vaincre ses ennemis puis leur pardonner et même les associer. Mais les Germains et les Iraniens qui attaquaient l'Empire ne furent pas touchés par cette magnanimité. En revanche, les habitants de l'Empire ont peut-être été plus sensibles à la constitution Antonine qui leur donnait, à tous, la citoyenneté romaine (212). La portée de cette loi est actuellement limitée par la critique qui y voit simplement l'aboutissement d'un processus engagé depuis longtemps, une simplification administrative, sans plus.

Dans le domaine de la guerre, Caracalla se révéla compétent. Il acheva de briser la résistance des Calédoniens, puis il se rendit sur le Rhin pour guerroyer contre des Germains qui étaient sans doute les Alamans.

Caracalla fut assassiné par son préfet du prétoire, Macrin, qui prit la pourpre (217-218) et ne disposa pas de beaucoup de temps pour appliquer une politique personnelle. Il ne put pas payer les soldats qui l'avaient acclamé et auraient trouvé normal qu'il les récompense en argent comptant. Il dut au contraire payer l'Iran pour avoir la paix (200 000 000 de sesterces, ce qui représentait peut-être le quart du budget de l'État).

Après ce bref intermède, le pouvoir revint dans la famille des Sévères, à Élagabal (218-222). Prêtre du dieu d'Émèse, il se conduisit plus en prêtre qu'en empereur. Soumis aux femmes de sa famille, et peu intéressé par la politique, il donna le pouvoir à des gens médiocres et de basse origine, ce qui était mal vu de son temps ; il ne put pas dépenser d'argent pour le peuple. Ses tenues vestimentaires, ses conduites surprirent les Romains, puis les lassèrent, et ils le tuèrent.

Son cousin, Sévère Alexandre (222-235), lui succéda. Lui aussi admirateur d'Alexandre le Grand, cet homme jeune et beau sut plaire aux sénateurs, mais pas aux soldats. On l'a crédité d'une éphémère restauration sénatoriale ; en fait, il se borna à constituer un conseil composé de nobles.

Il dut mener une guerre contre l'Iran, Nisibe étant assiégée par Ardashir. Ces ennemis venaient de réaliser une révolution à la fois politique (changement de dynastie au profit des Sassanides), religieuse (primauté d'Ahura Mazda) et militaire (armée de métier avec une infanterie lourde bien organisée). Il réussit à repousser les ennemis, ce qui lui permit de conserver la Mésopotamie. Il fut alors appelé en Occident pour combattre des Germains qui avaient envahi les Champs Décumates et qui commençaient à piller la plaine d'Alsace et la Rétie. Il faisait des préparatifs à Mayence quand il fut tué à la suite d'un complot animé par son préfet du prétoire.

Chapitre IV

LE HAUT-EMPIRE : LA GÉOGRAPHIE

I. – Rome

Dès la fin du IIIe siècle avant notre ère, Rome était devenue la plus grande ville du monde méditerranéen ; on estime que sa population, sous le Haut-Empire, comptait entre un et trois millions d'habitants.

On y trouvait trois centres, et d'abord le Forum républicain, toujours essentiel, avec des monuments qui correspondaient aux institutions majeures de la Ville. Le Sénat siégeait dans la curie, une grande salle presque carrée et modeste d'apparence. Les magistrats pouvaient s'adresser au peuple romain depuis la tribune aux harangues. Ce même peuple romain pouvait se rassembler sur le Forum proprement dit, place publique consacrée à la parole. Des basiliques avaient été construites par des nobles riches pour lui permettre de se réunir quand le soleil était trop fort ou quand il pleuvait.

Le Forum républicain fut concurrencé par une série de forums dits impériaux, qui visaient à montrer discrètement que le centre de gravité politique avait changé. César fit bâtir son forum avec le butin pris dans la guerre des Gaules, et il le consacra à Vénus, déesse de la victoire, dont il se prétendait le descendant. Auguste songea à remercier Mars qui lui avait donné la victoire contre les Républicains à Philippes et qu'il avait un peu négligé. Vespasien privilégia la déesse Paix et

Fig. 2. – **La Rome impériale**

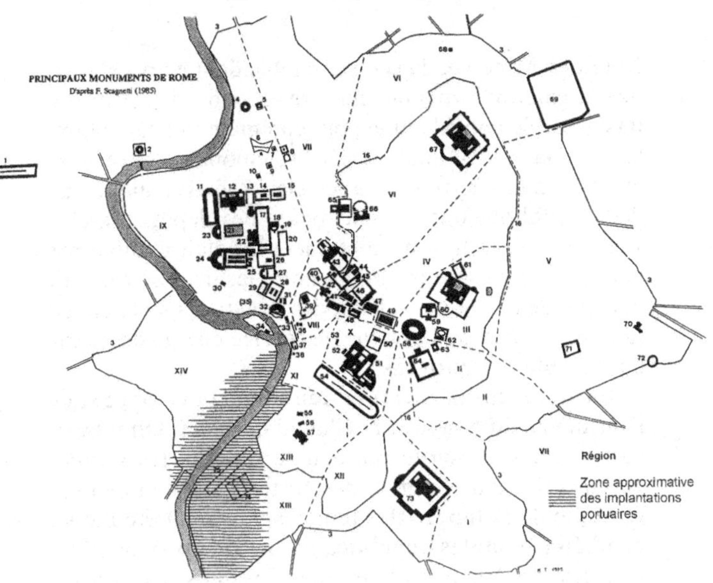

Rome à l'époque impériale

1. Cirque de Caligula ; 2. Mausolée d'Hadrien (château Saint-Ange) ; 3. Muraille d'Aurèlien ; 4. Mausolée d'Auguste ; 5. *Vstrinum* (bûcher) *domus Augustae* ; 6. *Horologium Augusti* (immense cadran solaire) ; 7. *Ara Pacis Augustae* ; 8. Temple de *Sol* ; 9. *Ustrinum* de Marc Aurèle ; 10. *Vstrinum* d'Antonin le Pieux ; 11. Stade de Domitien (place Navone) ; 12. Thermes de Néron et Alexandre Sévère ; 13. Panthéon et portique ; 14. Temple de Matidie ; 15. Temple du divin Hadrien ; 16. Rempart dit de Servius Tulllus ; 17. *Saepta Iulia* et *diribitorium* ; 18. Temple d'Isis et Sérapis ; 19. Temple de *Minerva Chalcidica* ; 20. « *Divorum* » ; 21. *Stagnum Agrippae* ; 22. Thermes d'Agrippa ; 23. Odéon de Domitien ; 24. Théâtre et portique de Pompée : 25. Zone sacrée de Largo Argentina, avec quatre temples républicains : peut-être ceux de Juturne, de la *Fortuna huiusce diei*, de *Feromia* et des *Lares Permarini* ; 26. *Porticus Minucia frumentaria* et temple des Nymphes, selon l'hypothèse de F. Coarelli ; 27. Théâtre et portique de Balbus ; 28. Portique d'Octavie, avec les temples *de Jupiter Stator* et de Junon Reine ; 29. Portique de Philippe, avec un temple identifié par F. Coarelli comme celui d'*Hercules Musarum* ; 30. Temple de Neptune ou (plutôt) de Mars ; 31. Temples de *Bellona* et d'Apollon dit *Sosianus* ; 32. Théâtre de Marcellus ; 33. Temples républicains de Janus, Junon Sospita et *Spes*, sur le *Forum Holitorium* ; 34. Temple d'Esculape ; 35. Cirque de Flaminius ; 36. Temples archaïques de *Mater Matuta* et *Fortuna* ; 37. Temple de *Portunus* ; 38. Temple d'*Hercules Olivarius* ; 39. Capitole, avec le temple de *Jupiter Optimus Maximus*, celui de *Fides* et celui d'*Ops* ; 40. *Arx*, avec le temple de *Iuno Moneta* ; 41. « Forum romain » ; 42. Forum de César ; 43. Forum de Trajan ; 44. Forum d'Auguste ; 45. *Forum Transitorium* (ou forum de Nerva) ; 46. *Templum Pacis* : forum de Vespasien ; 47. Basilique de Maxence (ou de Constantin) ; 48. Maison des Vestales et temple de Vesta ; 49. Temple de Vénus et Rome ; 50. *Adonea* (?) de Domitien et temple d'Héliogabale ; 51. Palais impérial du Palatin ; 52. Temple d'Apollon Palatin ; 53. Temple de *magna Mater* (Cybèle) ; 54. Cirque Maxime ; 55. Temple de Minerve ; 56. Temple de Diane ; 57. Thermes de Dèce ; 58. Colisée ; 59. Thermes de Titus ; 60. Thermes de Trajan ; 61. Portique de Livie ; 62. *Ludus magnus* ; 63. *Ludus matutinus* ; 64. Temple du divin Claude ; 65. Temple de Sérapis ; 66. Thermes de Constantin ; 67. Thermes de Dioclètien ; 68. Temple de Vénus Erycine ; 69. *Castra praeloria* ; 70. Thermes d'Hélène ; 73. *Castra equitum singularum*, sans doute construits par Trajan ; 72. *Amphiteatrum castrense* ; 73. Thermes de Caracalla ; 74. *Horrea Galbana* ; 75. *Porticus Aemilia*.

D'après F. Coarelli, dans *Rome et l'intégration de l'Empire*, édit. C. Lepelley, II, 1998, Paris, Puf, p. 48-49.

Domitien Minerve, dans un ensemble dont Nerva s'attribua la paternité sans pudeur. Trajan enfin fit construire un ensemble considérable pour commémorer sa victoire sur les Daces. Au nord, la célèbre colonne, qui raconte en images la guerre contre les Daces, était flanquée de deux « bibliothèques », sans doute des dépôts d'archives ; au sud, le forum proprement dit était dominé par une statue équestre de Trajan. Entre les deux se trouvait une grande basilique. À l'est, des « marchés » étaient en fait les bureaux de l'annone, le service chargé de distribuer du blé aux citoyens.

En outre, un quartier nouveau s'était développé sous l'influence du pouvoir, le Champ de Mars. On y trouvait des lieux réservés au peuple romain, les *saepta*, où jadis il venait voter, et des portiques, notamment le portique de Pompée. Des temples y avaient été bâtis : panthéon, temples républicains du Largo Argentina, temples de Vénus, d'Apollon Sosianus, de Castor et Pollux, d'Hadrien. Le peuple y avait aussi reçu des lieux de loisirs, stade de Domitien, théâtre de Marcellus, pseudo *crypta Balbi*, thermes d'Agrippa et de Néron.

Le centre religieux, ensuite, se trouvait sur la colline appelée Capitole, où avaient été bâtis le temple du même nom et une multitude de sanctuaires, consacrés à Ops, Fides, Veiovis, Junon (Moneta, d'où le nom de l'atelier : « monétaire ») et divers Jupiter. Les archives publiques *(tabularium)* et le trésor militaire *(aerarium)* y avaient aussi été installés.

Un nouveau centre politique, enfin, avait été érigé sur le Palatin, *Palatinus*, qui a donné son nom au mot *palatium*, « palais ». Autour des maisons d'Auguste et de Livie, augmentées par des constructions dues à Tibère et Néron, fut bâti un vaste ensemble dont les principaux travaux remontent à Domitien. Outre les locaux d'habitation, on y trouvait un sanctuaire des Nymphes, un stade et une école pour la formation des esclaves de l'État.

D'autres quartiers ont été identifiés, dont un secteur commerçant sur la rive gauche du Tibre. Deux lieux de loisirs des plus importants furent installés entre l'Esquilin et le Caelius, l'amphithéâtre appelé Colisée et le Grand Cirque. Mais existaient, et souvent en plusieurs exemplaires, tous les lieux de loisirs traditionnels : amphithéâtres pour les combats de gladiateurs, naumachie pour les batailles navales, cirque pour les courses de chevaux, théâtres, et surtout thermes.

Les quartiers d'habitation étaient logiquement répartis entre riches et pauvres : les premiers avaient surtout occupé l'est de la ville et les hauteurs, les seconds les flancs des collines et le populeux et pittoresque Transtévère, le *trans-Tiberim* : Rome avait débordé sur la rive étrusque, la rive droite. Le peuple habitait dans des immeubles, *insulae*, construits en brique et surtout en bois, facilement inflammables et sans confort. Ils brûlaient facilement, et l'incendie de l'un d'entre eux se communiquait souvent à tout le quartier. Les nobles vivaient dans des maisons particulières du type *domus*, bien équipées (eau courante, thermes privés..., et même jardins intérieurs).

Pour assurer la vie de cette immense communauté, Auguste avait organisé le service de l'annone qui distribuait du blé aux citoyens romains ; il avait mis en place une garnison qui maintenait l'ordre, les prétoriens et les *urbaniciani*, et créé un corps de pompiers, les vigiles.

Les travaux récents mettent l'accent sur les faubourgs, le *suburbium*, moins densément peuplés et réservés à des activités bruyantes ou salissantes, comme le cuir et la teinture des textiles. Rome devenait de plus en plus une ville-musée, le lieu où s'accumulaient des trésors divers.

II. – L'Italie

Le mot Italie désignait, pour les anciens, la partie péninsulaire du pays actuel de ce nom, à l'exclusion de la Sicile et de la Sardaigne, et ses habitants ont été considérés par une fiction politique et juridique comme les alliés qui ont permis aux Romains de conquérir le monde, ce qui leur a valu des privilèges (autonomie municipale, fiscalité allégée et avantages en justice). La plaine du Pô, elle aussi, resta longtemps extérieure, le Rubicon servant de frontière ; César donna la citoyenneté romaine aux Transpadans en 49, et Auguste intégra à l'Italie la Cisalpine. Les cités conservèrent une très large autonomie, à peine entamée par l'instauration de consulaires sous Hadrien ; ils n'en suscitèrent pas moins le mécontentement. Antonin le Pieux les supprima ; mais, en 163, ils furent remplacés par des juridiques.

L'Italie est occupée par une longue montagne hostile, les Apennins, avec en son centre le Samnium. La prospérité était concentrée dans les trois plaines traditionnelles, l'Étrurie, le Latium et la Campanie, auxquelles s'ajouta une quatrième région de prospérité, la plaine padane.

Le Latium, pays des Latins, était la moins riche des quatre régions. Sur le littoral, des marécages rendaient la vie difficile. En allant vers l'est, vers la montagne, on rencontrait des collines, plus favorables, puis la montagne hostile. On y cultivait le blé et on y pratiquait l'élevage, surtout sur les collines. Le long du Tibre, qui séparait le Latium de l'Étrurie, la *via* Salaria possédait une antiquité et une valeur économique importantes, le sel étant indispensable pour la conservation de beaucoup d'aliments. La principale ville était donc Rome, mais on peut mentionner Préneste, centre de pèlerinage, le Lourdes des *imperatores*, Reate, Nurcie, Teate des Marrucins et Alba Fucens. Ostie n'est devenue que

Fig. 3. – L'Italie romaine

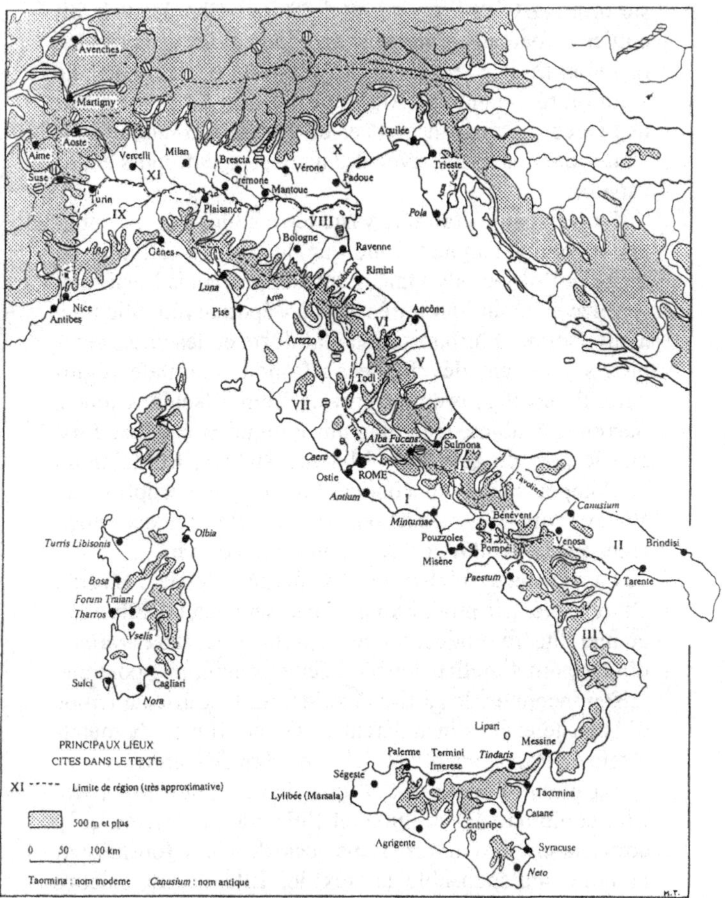

L'Italie, la Sicile et la Sardaigne sous le Haut-Empire
Fond d'après *L'Atlante mondiale,* Vallardi Industrie Grafiche, Lainate (Milano), 1994

D'après M. Tarpin, dans *Rome et l'intégration de l'Empire*, édit. Cl. Lepelley, II, 1998, Paris, Puf, p. 2.

tardivement le port de Rome, grâce aux travaux effectués sur ordre de Claude et surtout de Trajan. Claude avait fait couler un bateau en pleine mer et lancer deux jetées vers ce môle. Mais ce ne fut qu'au début du IIe siècle qu'une solution réellement satisfaisante fut trouvée grâce à l'or des Daces. Trajan fit creuser un bassin hexagonal dans l'intérieur des terres, avec des quais, des entrepôts et des canaux.

La Campanie était une vaste terre à blé, une « campagne » comme son nom l'indique, le jardin de l'Italie. La vigne et l'olivier s'y étaient développés, mais l'artisanat (bronze et céramique), très actif à l'époque républicaine, avait décliné. L'urbanisation était forte et des villes célèbres s'y étaient développées : Capoue, capitale régionale, Pouzzoles, premier port de Rome, Ischia, Cumes, Sorrente, Stabies, Herculanum, Pompéi et Naples, ainsi que le port de guerre de Misène. Stabies, Herculanum et Pompéi sont bien connues parce que l'éruption du Vésuve sous Titus les a conservées ; elles s'étaient enrichies par la production et le commerce du vin.

La troisième région de prospérité, c'était l'Étrurie. Outre le blé, elle produisait un vin très recherché. Elle avait eu une illustre production de vaisselle à Arezzo (*Aretium*, d'où le nom d'arétine donnée à cette céramique) ; pour une raison inconnue, les artisans quittèrent l'Étrurie au temps d'Auguste et ils s'installèrent en Gaule. Il resta la métallurgie de Populonia et le célèbre marbre de Carrare.

La plaine padane fut la quatrième région prospère. Elle combinait les cultures et l'élevage, de même qu'y coexistaient bovins et ovins, ces derniers fournissant la laine indispensable au textile. Elle devint célèbre pour son urbanisation et son urbanisme exceptionnellement développés : Aoste, Milan, Vérone, Padoue... Rappelons que Virgile était originaire de cette région, et qu'on l'appelle parfois « le cygne de Mantoue ».

Fig. 4. – **Les provinces de l'Empire romain au milieu du** II**e siècle après J.-C.**

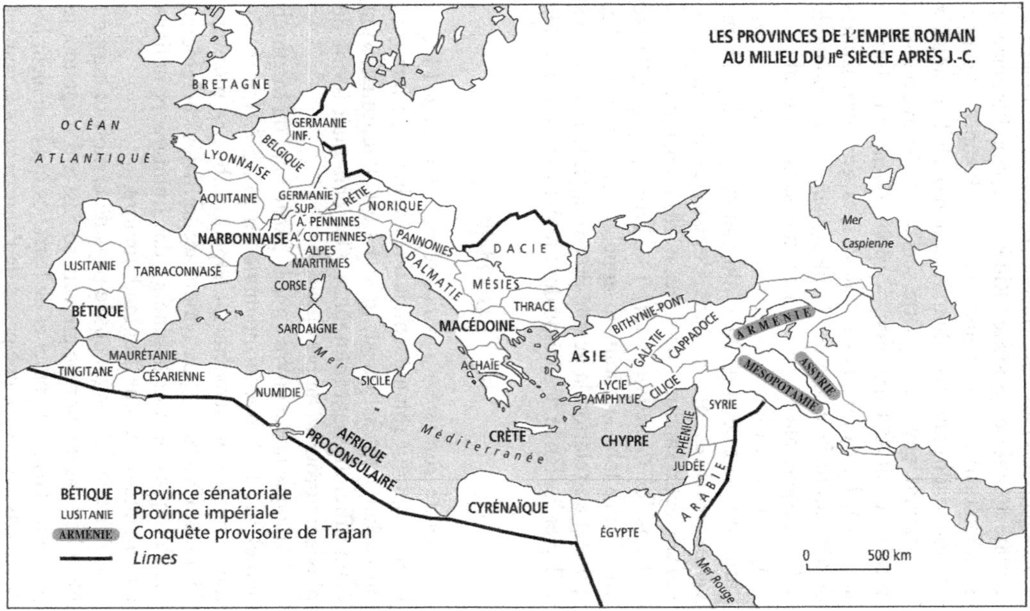

D'après P. Petit, *La Paix romaine*, 1967, Paris, Puf, p. 388.

Les autres régions étaient plus isolées et plus pauvres, comme l'Ombrie (Spolète, Rimini, Fanum Fortunae et Sena Gallica) et le Picénum, patrie de Pompée (Ancône, Auximum, Firmum, Asculum, Interamna). On leur ajoutera le Samnium, pays de la guerre sociale (91-88 avant J.-C.), avec sa capitale Corfinium, l'Apulie (Bénévent, Bari et Brindisi). Le Sud bénéficiait des villes grecques, Cumes déjà mentionnée, également Naples (*Neapolis*, La Nouvelle Ville), Poseidonia devenue Paestum et surtout Tarente.

Quant au littoral, très étendu comme le montre une carte, il vivait de la pêche et du commerce ; des découvertes récentes ont montré l'existence d'ateliers de *garum*, cette saumure de poisson très recherchée.

Dans les *Géorgiques* (II, 136-176), Virgile a laissé un célèbre tableau, souvent appelé *L'Hymne à l'Italie*, qui met en relation la beauté du paysage, le nombre des villes et la lignée des héros dont le dernier est Auguste.

III. – **L'Occident**

Aucune frontière n'a jamais séparé l'Orient de l'Occident à l'époque romaine, mais une distinction s'imposa : on parlait latin à l'ouest, grec à l'est, l'administration étant officiellement bilingue. L'Occident était formé de plusieurs groupes de provinces.

L'Afrique ne recouvrait que la partie nord du Maghreb actuel (de la Libye occidentale au Maroc). Les habitants les plus anciens étaient appelés Libyens, plus tard Maures et Numides ; ils avaient accueilli des Phéniciens, les Puniques ou Carthaginois ; des immigrants italiens étaient ensuite venus en grand nombre.

L'Afrique fut longtemps le pays de la monoculture du blé. Cette production ne pouvant se passer d'irrigation, le pays fut couvert de puits et de barrages qui coupaient les ouadi (rivières à sec une partie de l'année) ; des canaux et des citernes complétaient ce dispositif. Le nombre de ces constructions est impressionnant. Des recherches relativement récentes ont montré que la culture de l'olivier se développa au début du IIe siècle. Elle entraîna la fabrication d'amphores, qui entraîna à son tour le développement d'un artisanat de grande qualité, consacré à la vaisselle de demi-luxe, dite sigillée. Ajoutons à ces biens les fauves et la saumure de poissons *(garum)*. Au total, l'Afrique devint une des régions les plus riches de l'Empire, grâce au travail de ses habitants et à cette économie aux productions complémentaires. Cette richesse se concrétisa dans la société : les notables municipaux pratiquaient un généreux évergétisme. Des Africains entrèrent au Sénat et même fournirent à l'État une dynastie, les Sévères.

Cette prospérité s'accompagna d'une forte romanité. Les traces en sont encore visibles dans un urbanisme impressionnant ; Sabratha et Lepcis Magna, Dougga et Carthage, Haïdra et Tébessa, Timgad et Tipasa, Volubilis encore, sont connues même des touristes.

La péninsule Ibérique avait subi des influences puniques dans le sud et celtiques dans le nord. Également riche et romanisée, elle se distinguait par plusieurs traits. La « trilogie méditerranéenne » se rencontrait partout où le climat et le sol le permettaient. L'élevage des chevaux permettait d'alimenter l'armée romaine. La production de métaux fut abondante : plomb, fer, cuivre, étain, zinc (la calamine des anciens) et surtout or et argent. Les zones minières dessinaient un vaste croissant prenant naissance dans le Nord-Ouest, descendant vers le Portugal et se poursuivant dans la région du Guadalquivir. L'urbanisation n'était pas médiocre avec, d'après Strabon, 200 villes en Bétique, 114 en Tarraconaise et 46 en Lusitanie. On citera Italica et Cordoue, Barcelone et Tarragone, Mérida enfin.

La Gaule, submergée par des Celtes entre le VIIIe et le Ier siècle avant notre ère, était moins peuplée et moins urbanisée, mais divisée en trois zones. Le Nord, correspondant à la vallée du Rhin, possédait des camps qui avaient donné naissance à des villes et diffusé la romanité. Les soldats dépensaient sur place leurs salaires et le latin était la langue de commandement. Strasbourg, Mayence, Cologne, Bonn et Xanten sont les plus connues. Le Sud ressemblait davantage à l'Italie qu'à une province, si l'on en croit Pline l'Ancien. On y trouvait la trilogie méditerranéenne et le littoral connaissait une vie maritime active (innombrables épaves). Les – nombreuses – grandes villes étaient Marseille, Olbia, Antibes, Nice, Agde, Aix, Fréjus, Arles, Cavaillon, Carpentras, Orange, Die, Alba, Apt, Riez, Valence, Vaison, Vienne, Gap, Digne, Avignon, Nîmes, Narbonne, Béziers, Carcassonne et Toulouse. Entre les deux, la province de lyonnaise était moins prospère et moins romanisée. Toutefois, Lyon était une des plus grandes villes de l'Occident et Autun n'était pas une cité négligeable.

La romanité était sans doute profondément ancrée en Gaule, puisque les Français parlent encore une langue latine.

La Bretagne (notre Grande-Bretagne) était peu urbanisée (Londres, Rochester, Camulodunum et York). On accorde sans doute plus de crédit qu'elles n'en méritent à ses mines du pays de Galles. Elle était en permanence menacée par les pillards venus d'Écosse, ce qui avait nécessité une forte présence militaire.

L'Illyrie enfin, au nord-ouest des Balkans, passait pour une région très rude. Elle a pourtant donné à l'empire du bois, du blé, des métaux et des hommes, en particulier les fameux empereurs illyriens dont on dit qu'ils ont sauvé l'Empire au IIIe siècle, ce qui est peut-être excessif, et qu'ils ont fondé le Bas-Empire au IVe siècle, ce qui est sans doute plus juste.

IV. – L'Orient

L'unité de l'Orient venait de l'emploi de la langue grecque comme langue de culture et comme deuxième langue officielle de l'Empire. Dans cette partie du monde, comme en Occident, on distinguait plusieurs ensembles majeurs.

Les Balkans, pour l'essentiel Grèce et Macédoine, constituaient une zone économiquement déprimée au début de la période, mais en essor régulier ensuite. Économiquement, la trilogie méditerranéenne caractérisait la région. Mais l'olivier ne poussait pas partout, redoutant le froid de la montagne. Les vins de qualité étaient exportés, surtout par les îles (Chio, Rhodes).

Athènes, passage obligatoire pour tout homme cultivé, conservait son prestige, comme les grands sanctuaires d'Éleusis, Delphes, Olympie, Corinthe (sanctuaire de l'Isthme). Les grandes cités antiques s'étaient adaptées à la monarchie impériale. En Attique, outre Athènes, on trouvait comme villes Oropos, Éleusis, Marathon, Le Pirée et Éleusis. En Eubée, Chalcis et Érétrie. Dans le Péloponnèse, Sparte, Argos, Patras, Messène, Tégée et Mégalopolis. En Béotie, Thèbes, Platée, Tanagra, Thespies et Orchomène. Les cités pérégrines (de droit non romain) possédaient des institutions très variées et héritées du temps de l'indépendance ; elles étaient plus nombreuses que les colonies (Philippes).

La tradition culturelle et religieuse restait vive. Les assemblées régionales ou *koina* s'étaient non seulement maintenues, mais encore développées en devenant centres du culte impérial. Les empereurs philhellènes ont su être reconnaissants aux Grecs de leur fidélité.

L'Anatolie, vaste plateau aride échancré de petites plaines littorales, aurait été pauvre si les hommes n'en avaient décidé autrement.

L'Asie, à l'ouest, avait repris l'héritage des Grecs anciens et de Pergame, ce qui lui avait permis de devenir la plus importante des provinces de tout l'Empire : elle était exceptionnelle par sa richesse matérielle, culturelle et son urbanisation (Éphèse, Pergame...).

La Cappadoce, à l'est, jouait un grand rôle militaire face à l'Arménie, royaume et protectorat de l'Iran ou de Rome, en fonction du rapport de forces. La présence des légions avait permis le développement d'un réseau routier, de la prospérité liée aux salaires dépensés, et elle avait favorisé la diffusion de la romanité.

Les provinces centrales étaient à la fois moins romaines et moins prospères, sans être pauvres. Elles vivaient de l'élevage et de la culture du blé.

La Syrie possédait un riche passé, tant du point de vue économique (héritage commercial des Phéniciens) que culturel (Grecs, Romains, Sémites divers, dont des Arabes et les Phéniciens). Une étroite bande côtière donnait des cultures méditerranéennes, tout comme la vallée de l'Oronte, dont Antioche était la capitale. L'artisanat était actif (verre). La montagne fournissait un bois choisi pour les constructions navales. Au-delà, le désert, barrière efficace contre l'Iran, était très difficilement franchissable. L'oasis de Palmyre vivait bien grâce à sa situation sur l'une des routes de la soie et grâce à sa position entre le monde romain et le monde iranien. Le commerce maritime était actif à partir des ports (Beyrouth, Byblos, Tyr et Sidon).

La Judée, annexe de la Syrie, était un couloir entre le désert et la mer, donc un lieu de passage. Les cultures étaient assez abondantes et le commerce également actif. Elle a néanmoins vécu pauvrement et connu deux guerres très dures et perdues contre Rome (66-70 et 132-135). La principale ville, Jérusalem, a été très romanisée par la volonté impériale.

L'Égypte, « don du (dieu) Nil » selon Hérodote, était une immense oasis bordant le fleuve. Auguste en avait fait « une immense métairie » (Paul Petit) destinée à alimenter les citoyens romains. Petit à petit, son statut s'est normalisé et l'Égypte est devenue une vraie province. La vallée produisait beaucoup de blé grâce au limon fertile déposé en août par la célèbre crue du Nil. En revanche, la vigne y était rare et l'olivier ne pouvait pas y pousser en raison de la sécheresse. Le papyrus alimentait une industrie active. Des routes reliaient le cours du Nil à la mer Rouge ; elles servaient au transport de produits venus de l'Orient lointain (épices et tissus).

Alexandrie, une des villes les plus fascinantes de l'Empire, possédait des ateliers (textile, bijoux, objets de luxe), des entrepôts et des lieux de haute culture (le Musée et la Bibliothèque).

Chapitre V

LE HAUT-EMPIRE : LE DROIT ET LA GUERRE

I. – Le pouvoir

Le régime fondé par Auguste (voir chap. III, § I) fut une monarchie, mais avec une vie politique. L'empereur, chef de l'État, des armées et de la religion, possédait donc des pouvoirs civils *(potestas)*, militaires *(imperium)* et surtout religieux. Il pouvait ainsi imposer son point de vue au Sénat, dans ses provinces mais aussi dans les provinces dites sénatoriales. Il pouvait mener les armées au combat (Trajan) ou déléguer ce devoir et pouvoir à des généraux qu'il estimait plus compétents que lui (Néron). Il était perçu comme un intermédiaire entre les dieux et les hommes, protégé des premiers pour assurer le bonheur des seconds. Il y avait conflit idéologique quand il était battu : soit il cachait sa défaite, soit il devait être éliminé (ce qui fut la règle dans la crise du IIIe siècle).

Mais il devait compter avec trois autres institutions, le Sénat, qui se réunissait régulièrement, le peuple romain (les comices se tenaient de moins en moins souvent, et la dernière attestation date de Nerva, mais les mécontents pouvaient manifester violemment) et les prétoriens, voire les légionnaires en cas de crise. Les relations avec le Sénat furent à la fois variables et essentielles, car les sénateurs possédaient la richesse et le savoir, et ils fournissaient les cadres supérieurs de l'État et de l'armée. Ils étaient indispensables et, dans le même temps, ils pouvaient susciter la jalousie de l'empereur ou sa colère s'ils étaient perçus comme des obstacles à l'exercice du pouvoir. La loi de majesté permettait aux empereurs ennemis du Sénat (« les mauvais empereurs ») de mettre à mort ceux qu'ils considéraient comme des ennemis.

Il disposait d'un conseil *(consilium principis)*, réuni d'abord en fonction des nécessités, puis avec régularité à partir d'Hadrien : il était présidé par le préfet du prétoire, il avait une composition fixe et il était formé surtout de juristes et de militaires, parce qu'il intervenait essentiellement dans des affaires requérant ces deux domaines de compétence.

Le prince se faisait aider par des institutions qu'on appelle la « chancellerie », un ensemble de bureaux ou *officia* dirigés par des procurateurs affranchis d'abord puis, après le temps de Claude, par des couples affranchi-chevalier, le chevalier étant le supérieur de l'affranchi. Le bureau des comptes *(a rationibus)* était le plus important ; il était aidé par les services des archives *(a memoria)*, des enquêtes *(a studiis)*, des requêtes *(a cognitionibus)* et de la correspondance latine et grecque *(ab epistulis latinis et graecis)*.

Une multitude de personnages exerçaient des pouvoirs divers dans Rome. Le préfet de la Ville était devenu une sorte de maire désigné. Plusieurs préfets complétaient cette panoplie. Le préfet du prétoire, à l'origine simple commandant de la garde, avait largement étendu son autorité : il remplaçait le prince en cas d'empêchement et présidait le conseil ; il était devenu le principal conseiller pour les affaires judiciaires et militaires. Le préfet de l'annone dirigeait un service important pour le maintien de l'ordre, le ravitaillement promis aux citoyens romains ; il avait sous ses ordres des employés qui percevaient cet impôt en nature, d'autres qui le transportaient, d'autres enfin qui assuraient la distribution aux ayants droit. Le préfet des vigiles commandait les pompiers. Un grand nombre d'autres fonctionnaires, juges et officiers, intervenaient également. En fait, il semble que le pouvoir ait voulu diviser le plus possible les tâches.

Quoi qu'il en soit, sous le Principat, Rome était bien « le centre du pouvoir » (R. Bianchi Bandinelli).

II. – Le droit

Les historiens s'accordent à dire que le droit jouait un rôle essentiel dans les mentalités des Anciens, comme garant de l'ordre public, et que le droit romain est l'ancêtre de notre droit. Ils n'ont pourtant que rarement cherché à rendre cette matière accessible aux non-spécialistes.

Il convient de voir d'abord quels étaient les organes qui créaient les lois. Sous la République, les lois pouvaient venir des comices *(leges)* ou du Sénat (sénatus-consultes). Sous le Principat, les sénatus-consultes subsistèrent, souvent influencés par le prince ; s'y ajoutèrent les textes émanant de l'empereur, édits (textes généraux), décrets (jugements impériaux), rescrits (réponses de l'empereur) et mandats (avis concernant l'administration).

Il faudrait ensuite voir comment se déroulait un procès. Une affaire célèbre, celle du Christ, peut illustrer le déroulement d'une affaire judiciaire ; car la procédure suivie fut parfaitement conforme au droit romain, même si elle peut choquer un moderne et surtout un chrétien.

Il n'existait ni police, ni accusateur public, ni avocat, pour ce dernier en théorie seulement, car Cicéron fut un avocat célèbre et, au Bas-Empire, la profession fut reconnue et réglementée. Des particuliers, les victimes le plus souvent, devaient présenter l'accusé au tribunal, qui assurait seul sa défense, et ils soutenaient l'accusation. Dans le cas du Christ, l'accusateur était en réalité une collectivité, qui constitue une personne morale, « les grands prêtres et les anciens du peuple » (Matthieu, 26, 3). Il faut d'abord trouver le coupable et c'est ici qu'intervient Judas qui, contre 30 deniers, promet de le leur livrer. Les commanditaires envoient des hommes pour le saisir au corps : « Comme il parlait encore, survint Judas, l'un des Douze, et avec lui une bande nombreuse armée de glaives et de bâtons, envoyée par les grands prêtres et les anciens du peuple » (Matthieu, 26, 47). Un de ses amis essaie de le défendre et blesse un des assaillants. Mais Jésus refuse d'être secouru au prix de la violence : « Tous ceux qui prennent le glaive périront par le glaive. »

L'accusé n'avait que peu de droits dans ce cas : il appartenait à un peuple de vaincus et à la catégorie des pérégrins, hommes libres ne possédant pas la citoyenneté romaine. Pour les Romains, il était en outre un vagabond juif.

À Rome, sous le Haut-Empire, un procès pouvait suivre deux types de procédures.

Dans le cas de la procédure dite « formulaire », l'accusateur se rendait d'abord devant un magistrat, le préteur, qui « dit le droit ». Ce dernier demandait à l'accusateur d'écrire sa requête et à l'accusé sa réponse. Avant les débats, et avec eux, il rédigeait un texte ou « formule » du genre : « Si un tel a commis tel crime, il sera puni de tel châtiment. » Il devait tenir compte des deux points de vue. Puis il entendait les deux parties et les témoins et il tranchait. L'accusé devait être présent. De même que l'accusateur devait contraindre l'accusé à se présenter, il devait aussi le contraindre à payer, sans avoir à compter sur la force publique qui n'intervenait pas dans les conflits entre particuliers. Un deuxième procès était même parfois nécessaire pour contraindre un perdant mauvais payeur. On remarquera que ni le préteur ni les juges ne sont des professionnels du droit. Comme Ponce Pilate, ils doivent donc s'entourer d'un conseil comprenant des spécialistes.

Le Sénat avait lui aussi une juridiction, mais c'est la juridiction de l'empereur qui connut le développement le plus fort. Le procès du Christ illustre parfaitement la procédure « extraordinaire », car Ponce Pilate agit en tant que représentant de l'empereur. Il n'y a donc qu'une phase, devant le gouverneur, qui est en même temps le personnage qui « dit le droit » et celui qui prononce la sanction. Comme Jésus ne répondit pas à Pilate, il était considéré, en droit romain, comme avouant ses crimes.

Il existe différents droits, pour les esclaves et les militaires, et pour les provinciaux. Mais le modèle romain tendit à s'imposer et une grande uniformisation se répandit.

Diverses peines existaient : amendes, réduction en esclavage, travaux forcés dans les mines, crucifixion pour les esclaves et les pérégrins, et glaive pour les citoyens romains ; seuls ces derniers pouvaient faire appel à César, comme le fit saint Paul, par deux fois.

Au début du IIIe siècle, des jurisconsultes, Paul, Papinien..., élaborèrent une réflexion qui prit souvent force de loi en raison de sa valeur. Par la suite, des empereurs byzantins firent faire des compilations : *Code Théodosien* (entre 429 et 438), *Corpus Iuris ciuilis* comprenant le *Digeste* (533) et le *Code Justinien* (534).

III. – **L'armée**

L'armée romaine du Principat était devenue permanente et professionnelle. Elle atteignit un niveau d'excellence exceptionnel au combat. D'une part, elle peut être conçue comme une institution parmi d'autres, comme un corps. D'autre part, elle avait une fonction extraordinaire, les soldats existant pour tuer au nom de l'État.

En tant que corps, l'armée était divisée en unités et soumise à une hiérarchie. Elle comprenait une garnison installée dans Rome : 9 cohortes prétoriennes (500 hommes × 9), 3 cohortes urbaines (500 × 3) et 7 cohortes de vigiles (1 000 × 7), plus les *equites singulares Augusti*, la garde du corps montée (500). Le corps de bataille, installé aux frontières, était divisé en 25 légions (5 000 fantassins lourds × 25) ; leur nombre fut porté jusqu'à 33 au début du IIIe siècle. Une légion était divisée en dix cohortes, une cohorte en trois manipules, un manipule en deux centuries, ce qui fait 59 centurions pour une légion car la première cohorte ne comptait que cinq centuries, mais à effectifs doubles. Les légions étaient aidées par des unités auxiliaires, ailes de cavalerie (500 ou 1 000), cohortes d'infanterie légère (500 ou 1 000), cohortes mixtes dites *equitatae* en latin (500 ou 1 000), et *numeri* ethniques (effectifs variables). La marine occupait deux grands ports en Italie, Misène et Ravenne, et elle avait installé des escadres dans les provinces.

Le chef suprême était l'empereur. Il était assisté par le ou les préfet(s) du prétoire. Pour commander les armées des provinces, il plaçait un lieutenant à leur tête, un légat, ancien consul. À la tête de chaque légion, et des auxiliaires qui en dépendaient, il plaçait un autre légat, lui simplement ancien préteur. La légion avait pour deuxième officier un tribun, fils de sénateur et appelé laticlave. Il avait sous ses ordres des chevaliers, le préfet du camp, puis cinq tribuns dits angusticlaves et enfin les 59 centurions.

Les soldats étaient recrutés au moment du conseil de révision, le *dilectus*, présidé par le gouverneur et qui examinait en priorité le statut juridique, ensuite les qualités physiques et intellectuelles du jeune homme. Les esclaves et les affranchis n'étaient pas admis pour cause d'indignité, et la plupart des soldats bénéficiaient de la citoyenneté romaine ; quelques pérégrins pouvaient entrer seulement dans les auxiliaires et la marine. Au début de l'Empire, on fit appel à des Italiens ; peu à peu, ceux-ci furent dispensés de service, sauf dans la garnison de Rome. Peu à peu également, les provinciaux remplacèrent les Italiens dans les légions : natifs d'abord de grandes cités, ensuite de la province de garnison et enfin fils de soldats appelés *castris* (ils ne furent jamais majoritaires). Chaque province était défendue par les siens ; l'Afrique par les Africains…

La terrible efficacité de cette armée s'explique par plusieurs facteurs, d'abord un recrutement de qualité, ensuite la pratique régulière de l'exercice, enfin la tactique et la stratégie. Pour l'exercice, qui était à la fois formation initiale et continue, le soldat devait d'abord faire de la gymnastique (marche, course, saut, nage, surtout). Ensuite, il s'adonnait au maniement d'armes, lancer du javelot, escrime avec le glaive, tir à l'arc… Enfin, les soldats manœuvraient en unités constituées.

L'armement était constitué par le couple *gladius-pilum*. Le *gladius* était court (70 cm de long, 3 de largeur) et pointu, avec deux tranchants ; il permettait de frapper de taille et d'estoc. Le *pilum* était un javelot à forte puissance de pénétration ; il était fait d'un long manche en bois et d'un long fer très mince de même longueur ; en cas de choc, le fer se pliait et ne pouvait pas être renvoyé à l'expéditeur. Au cours du IIIe siècle, ils furent remplacés par le couple *spatha-hasta*, une longue épée sans pointe et une lance de choc.

Suivant les circonstances, les généraux pouvaient accepter la bataille en plaine, et recourir au dispositif en cohortes (groupes de trois manipules) isolées les unes des autres, ou à la phalange (hommes disposés épaule contre épaule) ; ils préféraient souvent le siège, moins coûteux en vies humaines. La bataille commençait par des manœuvres et se terminait par une multitude de duels à l'escrime.

Les batailles, en principe, ne faisaient pas beaucoup de victimes : quelques centaines chez les vainqueurs, quelques milliers chez les vaincus. Mais la guerre offrait des aspects effrayants et les soldats ressentaient la peur : ils voyaient ce que l'on a appelé « le visage de la bataille » (John Keegan). Ils pouvaient se rendre et dans ce cas ils devenaient esclaves, et les leurs avec eux ; s'ils tentaient de fuir, ils risquaient d'être frappés dans le dos et tués. Après une bataille ou un siège, les civils souffraient à leur tour s'ils appartenaient au camp des vaincus : les parents des vaincus étaient réduits en esclavage, leurs femmes étaient violées, tous les biens saisis et des meurtres commis au hasard ; c'était « le visage de la bataille » pour les civils.

L'empire fut entouré par un dispositif défensif composé de trois éléments au maximum : partout, des routes étaient construites ; les militaires bâtissaient des défenses ponctuelles (forts, fortins) et ils utilisaient, seulement parfois, des défenses linéaires, comme le mur d'Hadrien en Bretagne ou comme un fleuve ; les modernes appellent ce système le *limes*, un mot impropre, rarement et tardivement utilisé par les anciens.

IV. – **Les provinces**

À l'origine, le mot « province » désignait la mission confiée à un magistrat sortant de charge. Peu à peu, il finit par s'appliquer à un territoire placé sous l'autorité de Rome.

En 27 avant J.-C., un partage des provinces fut organisé entre le prince et le Sénat, représentant du peuple romain dans ce cas (pour cette raison, on parle actuellement de provinces soit « du Sénat », soit « du peuple romain »). En théorie, Auguste se chargeait des provinces exposées aux menaces de l'ennemi, donc pauvres, et il laissait les provinces riches à la haute assemblée. En fait, des changements de statut sont attestés : la Narbonnaise, impériale en 27, fut vite donnée au Sénat ; la Sardaigne changea plusieurs fois de responsable.

La désignation sénatoriale ou impériale veut dire que le gouverneur était désigné par une instance ou par l'autre, et qu'il était responsable devant elle en cas de malversation.

À la tête de chaque province se trouvait un gouverneur, intermédiaire entre le pouvoir central et la population. Dans les provinces sénatoriales, il portait le titre de proconsul ; il était un ancien consul dans les deux plus grands territoires, Asie et Afrique, un ancien préteur dans les autres. Dans les provinces impériales, il était un légat impérial propréteur, ancien consul s'il y avait une armée de deux ou trois légions (Bretagne, Germanies, Syrie...), ancien préteur si l'armée ne comptait qu'une légion (Numidie) ou pas de légion du tout (Lyonnaise). Dans les petites provinces, l'empereur se faisait représenter par un procurateur équestre, appelé par les modernes procurateur gouverneur, à distinguer des procurateurs financiers mentionnés plus loin ; les modernes appellent ces provinces « de première » ou « de deuxième catégorie », expressions inconnues de l'Antiquité. L'Égypte constituait un cas à part ; elle était gouvernée par un préfet équestre de haut rang.

Le gouverneur était assisté par un responsable des finances, un magistrat appelé questeur dans les provinces sénatoriales, un procurateur équestre dans les autres. Dans les territoires les plus vastes (Asie, Afrique), un ou plusieurs légats (jusqu'à trois) rendaient la justice à sa place quand il était indisponible. Un ou plusieurs procurateurs, à ne pas confondre avec le précédent, veillaient à l'administration des biens impériaux. Un ou plusieurs officiers, suivant l'importance des troupes mises à sa disposition, en assuraient le commandement. En quelque endroit que ce soit, il se faisait aider par un personnel administratif de comptables et de secrétaires peu nombreux, comptant quelques dizaines d'employés, au plus quelques centaines dans les provinces les plus vastes. À Carthage, on a retrouvé la partie du cimetière mise à leur disposition, que l'on appelle par tradition « la nécropole des *officiales* ».

Dans tous les cas, le gouverneur devait remplir une mission fondamentale, faire respecter l'ordre. Au premier chef, il devait rendre la justice pour éviter les vendettas familiales. Il était le juge suprême de la province ; seuls les citoyens romains pouvaient faire appel à César et être rejugés à Rome. Citoyen romain, saint Paul profita par deux fois de cette opportunité, car il avait été condamné pour avoir semé le désordre en Orient. Mais le futur empereur Galba refusa l'appel à un autre citoyen romain, dont le crime était à la fois trop patent et trop abominable (il avait empoisonné son pupille pour détourner ses biens). Néanmoins, pour marquer son statut social, il le fit crucifier sur une croix plus grande que les autres et peinte en blanc.

On possède de nombreux exemples de cette fonction. Un cas célèbre est connu par l'*Apologie* d'Apulée, un homme jeune et pauvre qui avait épousé une dame riche et plus âgée que lui. Les parents de la mariée l'accusèrent d'avoir recouru à la magie pour la séduire. Il risquait sa tête, mais il se sauva par un brillant plaidoyer qui fut jugé convainquant par le proconsul. Le gouverneur surveillait son adjoint chargé des finances, en fait de la fiscalité. Enfin, il devait préserver la « paix des dieux », s'assurer que les temples étaient entretenus et les cultes célébrés. À l'époque d'Auguste, on voit ce dernier intervenir dans la province d'Asie pour faire rendre à un temple les biens qui lui appartenaient et qui avaient été détournés. On voit que, dès l'origine, l'empereur ne se gênait pas pour s'occuper des affaires des provinces dites sénatoriales. Le même souverain s'est également soucié des problèmes de la Cyrénaïque, comme le montrent les fameux édits de Cyrène qui concernent les relations entre Grecs et Romains.

	Provinces sénatoriales	Provinces impériales I	Provinces impériales II	Égypte
Gouverneur	Proconsul (S)	Légat (S)	Procurateur (C)	Préfet/ juridique (C)
Finances provinciales	Questeur (S)	Procurateur (C)	Procurateur (C)	Idiologue (C)
Finances impériales	Procurateur (C)	Procurateur (C)	–	Dioecetes
Troupes	Garde (500 hommes)	Garde ou légion(s) + auxiliaires	Auxiliaires	Légion(s) (3 à 1) + auxiliaires
Exemples	Asie, Afrique, Narbonnaise…	Lyonnaise, Bretagne, Germanies, Syrie…	Alpes, Maurétanies césarienne, tingitane…	

S : sénateur ; C : chevalier.
Provinces impériales I, II : de première ou de deuxième catégorie.

V. – La municipalisation

On appelle cité un ensemble regroupant une ville et le terroir qui en dépend, cet espace étant placé sous l'autorité des mêmes institutions et sous la protection des mêmes dieux ; les anciens ne concevaient pas la civilisation en dehors de ce régime. Ce système est attesté aussi bien en Grèce que dans l'Italie républicaine. Des communautés lui échappaient toutefois, parce qu'elles étaient archaïques ; elles correspondaient à un stade non- ou pré-municipal, et il s'agissait en particulier de semi-nomades ou de montagnards. Plusieurs noms sont attestés ; pour l'essentiel, on distinguait des *vici* (bourgs), des *pagi* (cantons ruraux), des *canabae* (surtout près des camps) et des *castella* (bourgs liés à une grande demeure).

L'étude de ce système, pour le Principat, est très à la mode actuellement parce que plusieurs inscriptions qui le font connaître viennent d'être découvertes (la *lex Irnitana*, trouvée dans le Sud de l'Espagne, a été gravée sur six plaques de bronze, pour un lot vraisemblablement de dix plaques). Ces documents ont relancé un intérêt qui, au demeurant, n'avait jamais faibli.

Fidèles à leur tradition, les Romains ont toujours appuyé les régimes aristocratiques, et les cités méditerranéennes de l'époque impériale respectèrent leur volonté.

En Occident, une cité était organisée suivant le modèle de la Rome républicaine. On y trouvait une assemblée populaire ou *populus*, dotée de pouvoirs très limités, qui correspondait aux comices. Une assemblée restreinte, l'ordre des décurions, réelle détentrice de l'autorité, s'inspirait du Sénat ; des magistrats étaient chargés d'exécuter ses décisions. Le questeur s'occupait des finances, l'édile de la police et des bâtiments, et le duumvir disait le droit. Tous les cinq ans, les duumvirs devenaient duumvirs quinquennaux et ils effectuaient le *census* en plus du reste (établissement des listes de citoyens, de chevaliers et de sénateurs). Les prêtres de la cité étaient également élus (flamines pour les dieux du culte impérial, flaminiques pour les déesses du même culte ; augures pour lire les présages ; *sacerdotes* de la divinité poliade). Tout candidat à un poste devait pratiquer l'évergétisme : il promettait un don en cas de succès.

En Orient, la tradition grecque avait été préservée. Mais le même schéma se répétait dans ce domaine, quoique plus complexe. La cité possédait une assemblée large ou *ekklèsia*, une assemblée étroite, *boulè* ou *gerousia*. Elle disposait aussi d'un grand nombre de magistrats et d'assistants des magistrats : secrétaire ou *grammateus* ; stratège, irénarque, *paraphylax* pour la police ; pour le marché, agoranome, astynome, *elaiones*, épimélète ; pour les jeux, agonothète ou *hellanodikès*. Pour la justice, c'était plus simple : le duumvir était appelé archonte ; il voisinait avec des prytanes et des politarques[1].

Les cités étaient hiérarchisées : les colonies étaient peuplées de citoyens romains, les *municipes* de pérégrins, sauf les notables qui obtenaient la citoyenneté romaine et, dans les *civitates*, même les notables étaient pérégrins. Il en allait de même dans les organismes non municipaux.

Pour susciter la sympathie du gouverneur, les *civitates* se dotaient d'institutions semblables à celles des colonies. Elles avaient toutefois la possibilité de conserver leurs traditions, connues par des titres grecs en Orient ; en Occident, on trouve des sufètes en Afrique, des vergobrets en Gaule.

À partir du début du IIe siècle, les cités qui avaient des difficultés financières demandèrent au gouverneur de nommer un curateur, personnage doté de tous les pouvoirs dans le domaine économique. Contrairement

1. Voir A. Billault, *Les 100 Mots de la Grèce antique*, Paris, Puf, « Que sais-je ? », n° 3898.

à ce que l'on croyait autrefois, on sait maintenant qu'il respectait « le privilège de liberté » (François Jacques). Il rééquilibrait les finances, puis il partait. Avec la Constitution antonine de 212, qui donna la citoyenneté à tous les habitants de l'Empire, ces distinctions perdirent leur intérêt.

Chapitre VI

LE HAUT-EMPIRE : LA VIE MATÉRIELLE

I. – La ville

L'urbanisme romain a été souvent maltraité, et deux erreurs doivent être évitées ; elles sont en général fondées sur un examen superficiel du plan de Timgad, ville d'Afrique qui constituait une exception et ne représentait pas une règle. D'une part, les anciens ne recherchaient pas forcément les angles droits, car il leur fallait tenir compte du relief et de constructions préexistantes ; ils se contentaient de privilégier l'ordre. D'autre part, le pouvoir impérial et l'armée n'intervenaient pas, les constructions importantes étant dues aux notables par le biais de l'évergétisme (générosité à l'égard du peuple).

On connaît mal les villes de Gaule, parce qu'elles ont été recouvertes par des constructions modernes. En revanche, Pompéi et Herculanum, ou les villes d'Afrique comme Lepcis Magna, Dougga, Timgad, Tipasa et Volubilis, permettent de plonger dans l'Antiquité.

Pour les anciens, la fonction civique l'emportait, et elle avait pour cadre le forum (*agora* en grec), endroit où se retrouvaient les citoyens pour parler des affaires communes. C'était une vaste place, en général rectangulaire, ouverte ou non. Elle pouvait en effet être fermée par un portique et elle était placée à l'endroit où se croisaient le *kardo*, axe nord-sud, et le *decumanus*, axe est-ouest. Une basilique, sorte de forum couvert, le complétait. On donnait le nom de portique royal *(basilikè stoa)* à une grande salle rectangulaire, divisée en trois nefs par deux rangées de colonnes et terminée par une petite salle en demi-cercle, appelée exèdre ou abside ; elle était couverte par un toit, ce qui permettait de l'utiliser par temps de pluie ou de trop grand soleil. Le Sénat local, quant à lui, se réunissait dans une curie, salle en forme de temple, bâtie sur un haut podium ; s'il le désirait, par exemple en cas de troubles, il pouvait se réunir dans n'importe quel temple.

La fonction économique se trouvait ailleurs. Pour le commerce, existaient des places, des marchés et des boutiques ; pour l'artisanat, des ateliers. Les boutiques et les ateliers, de même que les tavernes, étaient souvent de petites pièces prises sur une vaste demeure ; ou alors elles étaient construites à cet effet (sur le forum de Lutèce, par exemple, qui a été recouvert par l'actuelle rue Soufflot). Les archéologues ont dégagé des quartiers « industriels », par exemple à Timgad ; les activités polluantes (textiles) ou bruyantes (métallurgie) étaient souvent déplacées dans le *suburbium*, les faubourgs.

La fonction sociale était remplie par l'habitat. Pour les pauvres, point d'immeubles, sauf à Rome, mais des constructions légères faites de branchages et de toiles, sortes de bidonvilles appelés *mapalia*, qui ont disparu sans laisser de traces ; on les connaît par quelques textes et par des représentations sur des mosaïques en général tardives. Les riches habitaient des *domus*. Ces dernières étaient divisées en deux parties, la partie romaine et la partie grecque. Dans la maison romaine, on distinguait trois éléments essentiels : d'abord, une entrée (*atrium*) où se trouvait un bassin destiné à récupérer les eaux de pluie ; ensuite, un salon (*tablinum*) où se trouvait le laraire, autel des Lares, dieux de la famille ; enfin, une salle à manger (*triclinium*). Le luxe se voyait à d'autres pièces, des thermes, une cuisine, des salles diverses. Dans la maison grecque, le propriétaire disposait d'un jardin intérieur, le péristyle. Cet habitat était fermé sur lui-même : entrées étroites et fenêtres haut placées, de petites dimensions.

La ville était le lieu des loisirs ; nous reviendrons plus loin sur ce sujet (thermes, théâtres, amphithéâtres, cirques...).

Elle accueillait aussi des dieux. Le temple n'était pas ouvert aux fidèles ; il était la maison du dieu. Dans la tradition romaine, il était bâti sur un haut podium, à la différence du temple grec, qui était au niveau du sol. On distinguait trois parties, un escalier, une entrée à colonnade (*pronaos*) et la chambre de la statue (*naos* ou *cella*). L'exemple le plus célèbre, en France, est la Maison Carrée de Nîmes construite à l'époque d'Auguste pour les princes de la jeunesse, petits-fils de l'empereur, Caius et Lucius César ; c'était donc un monument du culte impérial.

Pour pratiquer les rites, le fidèle n'avait besoin que d'un autel, un dé de pierre, mais qui pouvait être fait de terre ou de bois. On en trouvait beaucoup devant les temples. Ils permettaient d'offrir des sacrifices et des libations ; dans le premier cas, un animal était tué, dans le second cas du vin était renversé. On pouvait aussi y brûler de l'encens.

Les morts étaient enterrés aux portes des villes, le long des routes. Les tombes étaient marquées par des monuments divers, des stèles (pierres dressées), des autels pour les sacrifices ou des cupules (demi-colonne posée sur la tranche). Les riches se faisaient enterrer dans des monuments plus importants, des mausolées, voire de vastes complexes comme celui qu'avait voulu le Lingon anonyme connu par un document appelé *Le Testament du Lingon*.

II. – La campagne

L'agriculture représentait l'essentiel de l'activité des hommes, et le blé constituait leur principale nourriture. Ce mot de « blé » désigne en réalité toutes sortes de céréales, surtout des céréales dites pauvres, qui tiennent mieux au corps et viennent plus facilement. Tout paysan en produisait pour respecter le sacro-saint principe d'autarcie, et quels que soient la nature du sol et le climat de la région. Quelques provinces étaient réputées pour leur générosité en ce domaine, l'Égypte et l'Afrique notamment, où l'irrigation et les terrasses mettaient en échec les contraintes géographiques (eau, relief). Le pain n'était jamais jeté, et le blé était consommé sous différentes formes, bouillies, soupes, gâteaux…

Quand c'était possible, la « trilogie méditerranéenne », blé-vigne-olivier, était exploitée.

La vigne vient facilement et se comporte comme un vrai chiendent ; elle ne demande que du soleil et, si l'on veut du bon vin, beaucoup de travail et d'intelligence (pentes du Vésuve et Étrurie en Italie, îles de Chio et Rhodes en Grèce). Le vin était très répandu, et en offrir une coupe était un geste de courtoisie, d'amitié, mais l'ivresse était mal vue ; jamais consommé pur, il était mélangé avec de l'eau, du miel, du plâtre… Les soldats buvaient parfois une piquette appelée *posca*.

Des découvertes relativement récentes ont permis de découvrir que notre Normandie entrait dans la catégorie des régions viticoles, aux côtés de la Narbonnaise et de l'Aquitaine. Les Allobroges de Vienne avaient mis au point un cépage, l'*allobrogica*, les Bituriges de Bordeaux avaient fait de même avec la *biturica*, et les Helviens du Vivarais, eux aussi, avaient amélioré leurs plants. Le vignoble gaulois, toutefois, produisait pour la quantité plus que pour la qualité. Un édit de Domitien avait ordonné des arrachages de plants de vigne ; cette mesure indique au moins une surproduction.

L'olivier est au contraire fragile. Il ne supporte pas le froid (en Gaule, il ne dépasse pas la latitude de Vienne ; on ne le trouve nulle part en montagne) et il demande beaucoup d'eau (l'Égypte n'en avait pas). L'huile, qui connut un fort développement pendant le Principat, était de qualité variable, la plus mauvaise servant aux lampes ou à la toilette, comme savon (c'est ce que dit cette mauvaise langue de Juvénal à propos de l'huile d'Afrique).

Fruits et légumes, viande et poisson étaient vendus le plus souvent à l'intention des riches ; les plats extraordinaires décrits par Apicius ou par Pétrone à propos de la table de Trimalcion étaient exceptionnels. Les anciens appréciaient particulièrement le *garum*, une saumure de poisson produite autour du détroit de Gibraltar, et le long du littoral de l'Atlantique et de la Méditerranée. Beaucoup de fruits et légumes qui sont aujourd'hui qualifiés de « méditerranéens » étaient inconnus de l'Antiquité : pommes de terre, courgettes, melons, piments, poivrons, tomates et fraises (ils ont été importés d'Amérique à partir du XVIe siècle).

Le sel et le sucre, qui ont aussi disparu sans laisser de traces, et qui sont indispensables au corps humain, étaient recherchés. Le sel provenait surtout de marais salants, le sucre était fourni par le miel. Les gourmands connaissaient beaucoup d'épices et ils savaient les utiliser : anis, bergamote, cumin, camomille, ciboulette, civette, coriandre, safran, cumin, hysope, lavande, moutarde, nard, thym et le mystérieux silphium de Cyrénaïque.

On élevait tous les animaux actuellement connus, avec une prédilection pour le bœuf, le porc, le mouton et la chèvre. Les chevaux, en revanche, servaient essentiellement de moyen de déplacement. Les animaux dits « célestes » parce qu'ils appartenaient à l'empereur étaient les animaux sauvages recherchés pour les amphithéâtres.

D'autres conditions favorables ont permis la prospérité du Haut-Empire. La monnaie circulait, des banques existaient, et un rare équilibre s'est établi entre la démographie et les productions. Des crises frumentaires sont néanmoins attestées, même à Rome (23-22, 2 avant J.-C., 5-6 après J.-C., 10, 19, 23, 32, 39-41, 51, 62, 64, 68, pour le seul Ier siècle de l'Empire), mais au total, elles n'entraînaient pas des morts trop nombreux.

L'empereur était le plus grand propriétaire de l'empire. Néron, ayant appris que six personnes possédaient la moitié du sol en Afrique, les fit mettre à mort et s'empara de leurs terres. À partir de son règne, l'Afrique prit la place de l'Égypte pour assurer l'annone de Rome. D'autres grands propriétaires existaient, et Hadrien développa une classe de petits métayers privilégiés, les colons (nous reviendrons sur ces personnages au § VI).

Le sol était souvent soumis au parcellement que l'on appelle à tort « cadastration » ou « centuriation » (il n'y avait pas toujours de cadastre ni de centuries).

L'huile, le vin et le *garum* imposèrent le développement d'ateliers de céramique ; ils favorisèrent les échanges.

III. – **L'artisanat**

Une première difficulté, rencontrée à propos de l'agriculture (blé), tient à la documentation : certains produits ont traversé les siècles (pierre et céramique), d'autres, parmi les plus importants, ont disparu sans laisser de traces (bois et métaux). Il convient donc que l'historien soit prudent avec les résultats de fouilles, pour ne pas surestimer ou sous-estimer les différents produits.

Un autre problème tient au travail de réflexion des historiens. Quelques fabrications, notamment de céramique, étaient assurées à grande échelle. Des auteurs se sont demandé si l'on pouvait parler d'« artisanat » ou d'« industrie », et la question n'a rien d'absurde. En fait, à notre avis, la médiocrité des sources d'énergie mises en jeu empêche d'employer le mot industrie.

La terre cuite ou céramique était un produit très répandu, très utilisé depuis le Néolithique, qui remplissait de multiples usages. Pour la produire, il fallait de l'eau en abondance, une terre de qualité et du bois pour alimenter des fours.

Elle permettait d'abord de s'équiper en vaisselle. Sous l'Empire, elle fournissait soit une vaisselle commune, sans nom et sans âge, soit des produits de demi-luxe, de teinte rouge orangé, décorés de motifs en relief ; leur étude permet de voir quels étaient les centres d'intérêt des propriétaires (c'étaient surtout les dieux et les loisirs). Dans ce cas, on parle de sigillée « signée », parce que les ateliers apposaient un cachet au fond des plats. Dès l'époque républicaine, l'Italie en produisait beaucoup. À l'époque d'Auguste, les artisans se rendirent en masse dans le Sud de la Gaule, notamment à la Graufesenque ; au IIe siècle, ils changèrent pour Lezoux, dans l'Allier. L'Afrique fut aussi une terre riche en productions de qualité, souvent imitées dans d'autres provinces, mais à partir du début du IIe siècle de notre ère.

La terre cuite permettait aussi de produire des lampes à huile, toujours décorées ; les motifs correspondent assez bien à ceux qui ont été observés sur la vaisselle sigillée. La lampe comprenait trois éléments, un réservoir cylindrique percé de deux trous pour le remplissage et l'aération, un bec dans lequel on introduisait une mèche et une poignée.

La terre servait aussi à fabriquer des amphores, le conteneur universel de l'Antiquité, la boîte de conserve de l'époque (vin, huile, *garum*, conserves diverses, de fruits, légumes, poissons ou viande). La matière était souvent peu raffinée et la capacité aussi élevée que possible ; en général de forme ovale, l'amphore était agrémentée de deux poignées. Le fabricant écrivait parfois la nature du contenu et sa qualité ; il ajoutait éventuellement le nom du producteur et la région de provenance.

Une terre cuite tout aussi rudimentaire permettait de fabriquer des briques et des tuiles, parfois estampillées.

D'autres produits étaient utilisés, surtout le bois qui était à l'Antiquité ce que furent aux XIXe et XXe siècles le charbon et le fer : à la fois un combustible et un matériau. Des inscriptions ont permis de voir que le mont Liban, au IIe siècle de notre ère, était tout entier propriété impériale et consacré à des essences indispensables pour la fabrication des navires. Le bois servait pour les maisons, les bateaux, les chars et les chariots, l'habitat, les manches d'outils, les armes… ; on le néglige souvent parce qu'il n'a pas laissé de traces.

Le textile, également, a souvent disparu sans laisser de traces. On connaît toutefois des pesons, des stèles figurées montrant des artisans au travail et des restes de tissus. La laine était souvent filée à la maison. Des ateliers fabriquaient les tissus, d'autres les teignaient.

De même, beaucoup d'objets en métal, fer, plomb, cuivre, or et argent, ont été refondus et donc eux aussi échappent à notre connaissance. Pour se procurer des métaux, les hommes, qui ignoraient la géologie, recherchaient de préférence ceux qui étaient « en loupe », à la surface du sol. Il fallait de toute façon que le minerai affleurât ; mais ensuite, les mineurs suivaient le filon jusqu'à ce qu'une faille l'interrompe et ils pouvaient aller loin sous terre. Les risques étaient énormes, et les archéologues retrouvent souvent des cadavres en grappe. C'est pourquoi ce métier était exercé surtout par des esclaves et des condamnés.

Les travailleurs étaient souvent regroupés en ateliers où esclaves et hommes libres travaillaient côte à côte. Les productions artisanales étaient pour certaines indispensables à l'agriculture (outils), pour d'autres superflues. La plus ou moins grande production de superflu indique les périodes de prospérité : on sait que la bonne santé économique a prévalu aux Ier et IIe siècles, que la crise est arrivée au IIIe siècle.

IV. – Le commerce

Le développement du commerce fut favorisé par l'essor de l'économie monétaire. Auguste avait réorganisé les monnaies. Il créa un système bimétalliste, or-argent. Il fit frapper une pièce d'or ou « aureus » de 7,92 g, d'un titre de 99 %, et une pièce d'argent, le célèbre denier, d'un poids de 3,86 g et d'un même titre, 99 %. Un système d'équivalence et le recours à des monnaies de compte furent fixés par la loi :

1 aureus (av)[1] = 25 deniers (d) = 100 sesterces (hs) = 400 asses (as).

Au début de l'époque impériale, le manque de numéraire incita les autorités à tolérer des frappes municipales. Par la suite, quelques crises sont attestées, mais la conjoncture fut favorable jusqu'au début du IIIe siècle, caractérisée par une inflation modérée.

Le commerce était organisé et en partie contrôlé par le pouvoir qui en tirait des revenus sous forme de taxes. Les gouverneurs contrôlaient les poids et mesures

1. av, d, hs et as : ces abréviations sont utilisées par les numismates.

utilisés par les commerçants. Ils autorisaient ou non les marchés, qui risquaient de provoquer des désordres. Dans les villes, on trouvait des marchands qui vendaient en plein air, d'autres dans des boutiques, d'autres encore dans des marchés ou *macella*. Des marchés périodiques ou *nundinae* se tenaient dans les campagnes. Quand une unité de l'armée quittait une garnison, un nouveau tarif de taxes *(portorium)* était mis en place ; on peut ainsi voir ce qui se vendait et ce qui s'achetait, et à quel prix. Des textes de ce genre ont été trouvés notamment en Afrique, à Carthage, Lambèse et surtout Zarai.

Les principaux produits agricoles qui circulaient étaient le blé, l'huile, le vin et le *garum* ; dans le domaine artisanal, c'étaient la céramique sous divers aspects, le bois et les métaux sous forme de lingots ou d'objets travaillés.

Des moyens de transport variés pouvaient être utilisés et, au premier chef, les chars qui parcouraient les célèbres voies romaines. Contrairement à la légende, elles n'étaient pas dallées, sauf aux abords des villes. Pour construire une route, les ouvriers creusaient une longue tranchée, la remplissaient d'un mélange de terre, de sable et de cailloux, en lui donnant une forme bombée et en laissant deux rigoles pour l'évacuation des eaux, à gauche et à droite. Un axe majeur faisait le tour du monde méditerranéen. Des axes secondaires partaient du littoral vers l'intérieur. En Gaule, Agrippa, gendre d'Auguste, avait organisé un réseau à partir de Lyon : vers Langres (puis Boulogne ou Bonn), vers Arles, le Midi et la mer ; vers les Alpes et l'Italie du Nord ; vers Saintes et l'Atlantique.

On utilisait beaucoup la navigation fluviale et le cabotage. Une ville comme Lyon avait des collèges de marins naviguant les uns sur la Saône, les autres le Rhône, d'autres encore à la fois sur le Rhône et sur la Saône.

Les uns utilisaient des barques, d'autres des outres, soit comme contenant soit, ce qui nous paraît plus probable, pour former des radeaux. La navigation hauturière existait évidemment, mais surtout à la belle saison (le *mare clausum* ou « mer fermée » était une pratique, le refus de la navigation en hiver, et n'était pas une interdiction ordonnée par la loi : les navigateurs prenaient la mer à leurs risques et périls).

Les Romains avaient mis au point un très grand nombre de navires et notamment les plus gros qu'a connus l'Antiquité ; ils étaient supérieurs en capacité et en qualité à ceux qui avaient été utilisés par les Athéniens et les Carthaginois. Ils pouvaient contenir jusqu'à 500 tonnes pour Jean Rougé, et même 1 300 tonnes pour Lionel Casson. Au Bas-Empire, la technique se perdit, et il fallut attendre le temps des caravelles pour que soit rattrapé le retard pris au Moyen Âge.

Les risques étaient énormes, comme en témoigne le grand nombre d'épaves retrouvées par les archéologues le long du littoral méditerranéen de la Gaule. Les grands ports étaient aménagés, avec des bassins, des jetées, des phares et des entrepôts, plus tout ce qui était nécessaire aux marins, tavernes, lupanars et lieux de culte : c'étaient Ostie et Pouzzoles, Tarragone et Barcelone, Arles et Narbonne, Carthage, Alexandrie... D'après Jean Rougé, les principaux axes reliaient Corinthe à Messine, la Crète à la Sicile, Cyrène à la Sicile, Alexandrie à la mer Égée, l'Espagne à l'Italie et Carthage à Pouzzoles et Ostie.

Les relations avec l'extérieur ont beaucoup intéressé les historiens. On sait maintenant que le Sahara était une barrière rarement franchie (les Noirs et les fauves attestés dans l'empire venaient de l'Égypte, des oasis du Sud du Maghreb et de ce même Maghreb). En revanche, les échanges étaient plus actifs avec l'Extrême-Orient. La

Chine exportait de la soie contre de l'or, par trois voies (Turkestan, Iran et océan Indien). L'Inde exportait des parfums et des épices ; dès l'époque d'Auguste, un temple du culte impérial avait été construit sur la côte ouest de l'Inde. L'Arabie fournissait parfums et épices.

V. – **Les grands**

La société romaine du Haut-Empire était une société à la fois de classes (critère de distinction économique) et d'ordres (critère juridique, décision de l'État, qui permettait l'inscription sur un *album*). Géza Alföldy avait dessiné une pyramide sociale qui montrait que des courants ascendants traversaient une société, qui n'était pas faite que de strates horizontales.

Pour rattacher un homme à un ordre, l'État lui demandait un cens minimum (propriété), une honorabilité reconnue et des activités dans le service public.

Pour entrer dans les 600 familles qui composaient l'*ordre sénatorial du Principat*, il fallait atteindre un cens équivalent à 1 000 000 de sesterces. Ce montant permettait d'acheter deux grands domaines, ce qui est relativement peu. Beaucoup d'hommes possédaient plus que ces biens, et d'autres conditions étaient exigées. Le candidat devait remplir des conditions d'honorabilité : il ne devait pas appartenir à une famille considérée comme vulgaire, indigne (tous les métiers en rapport avec la mort et le sang). Il devait posséder des propriétés foncières et une maison dans Rome.

Les sénateurs suivaient la carrière des honneurs, comme sous la République, mais avec quelques variantes : questeur (finances), puis édile (bâtiments, police) ou tribun de la plèbe (poste sans activité réelle sous l'Empire), puis préteur (justice) et enfin consul (titre honorifique à cette époque). Après la préture et surtout après le consulat, ils exerçaient des responsabilités diverses – techniques, militaires et administratives – à Rome, en Italie ou dans les provinces. Ils pouvaient servir comme gouverneur de provinces, commandant d'armée ou de légion, directeur de Trésor public, chef d'un service technique (dans Rome : aqueducs, travaux publics, égouts et rives du Tibre ; en Italie, entretien des routes). Au sommet de cette carrière se trouvaient des sacerdoces de la Ville de Rome, très honorifiques.

La moitié des sénateurs venait d'Italie, les autres de quelques régions particulières (péninsule Ibérique surtout au Ier siècle, Afrique et Syrie au IIe siècle).

L'ordre équestre constituait une sorte de demi-noblesse, à un niveau inférieur, regroupant peut-être 5 000 familles. L'impétrant devait posséder un bien de 400 000 sesterces. Les chevaliers commençaient par un service militaire, les trois milices équestres (préfecture de cohorte, tribunat de légion et préfecture d'aile) ; puis ils exerçaient des procuratèles (salaire de 60 000, 100 000, 200 000 et 300 000 sesterces par an) ; dans ce cas, ils gouvernaient des petites provinces impériales, administraient des biens appartenant à l'empereur ou bien ils allaient à Rome diriger un des *scrinia* de la « chancellerie ». Enfin, ils pouvaient atteindre les « grandes préfectures » (flottes italiennes, annone, vigiles, Égypte et prétoire). Quelques sacerdoces de Rome étaient réservés aux plus brillants d'entre eux.

On a cru qu'il existait une mentalité équestre, plus ouverte que la mentalité aristocratique (Francesco Della Corte à propos de l'historien Suétone). En réalité, ils suivaient les modes et les modèles aristocratiques, qui s'imposaient à tous (Jacques Gascou, à propos du même Suétone).

Ils venaient d'Italie, eux aussi, et de plus en plus souvent, et même très tôt, de provinces. Les Germanies fournissaient notamment de bons officiers.

C'était un ordre ouvert, vers le haut, car les meilleurs d'entre eux accédaient à l'ordre sénatorial, et vers le bas, car ils pouvaient venir du milieu des notables municipaux.

L'ordre des décurions réunissait les notables de chaque cité ; ils étaient de 60 à 300 par ville et de cens variable. Propriétaires fonciers à l'échelle de leur commune, arrondissant leurs revenus par un peu de commerce et d'artisanat, ils suivaient une carrière locale (questeur, édile puis duumvir, voire duumvir quinquennal ; voir plus haut § V du chapitre V).

On sera peut-être surpris de trouver ici des *affranchis* et des *esclaves*. En fait, quelques affranchis, une minorité, se montraient très dynamiques et s'enrichissaient par des moyens souvent aux limites de l'honnêteté. Le Trimalcion du *Satiricon* de Pétrone est un bon exemple de ces personnes, méprisées et jalousées à la fois. Par ailleurs, les affranchis impériaux possédaient un réel pouvoir qui leur était conféré par la proximité du prince. Au temps de Claude, plusieurs d'entre eux ont atteint des sommets, Polybe, Narcisse, Callixte et Pallas notamment ; ils dirigèrent alors les bureaux palatins, *a rationibus*, *a memoria*, *ab epistulis*, etc. Leur attitude a tellement exaspéré les nobles que les empereurs suivants ont reculé sur ce point. Mais les affranchis et les esclaves impériaux ont toujours occupé une place spéciale dans les « courants ascendants » de la pyramide de Géza Alföldy. Avec les esclaves toutefois, même impériaux, nous arrivons aux milieux humbles.

VI. – Les humbles

Les milieux populaires représentaient une majorité écrasante des habitants de l'Empire.

Les hommes libres et pauvres, les plébéiens, étaient divisés en citoyens romains et pérégrins ; ces derniers étaient des hommes libres, descendants de peuples vaincus par Rome et qui se trouvaient de ce fait « étrangers » à l'Empire, tolérés par l'État. On ne sait pas bien ce que recouvre la catégorie des déditices, sans doute des descendants d'ennemis acharnés de l'ordre romain.

En majorité paysans, ils vivaient tous surtout de la terre, mais c'est dans ce milieu que se recrutaient les artisans, les commerçants et les soldats. Les citoyens romains bénéficiaient de privilèges dans les domaines du droit et de la fiscalité. Quand ils étaient appelés, ils servaient dans les légions. Les privilèges étaient plus grands pour ceux qui vivaient à Rome : ils bénéficiaient de l'annone et ils avaient des spectacles tous les jours. En Italie, ces avantages s'estompaient ; ils disparaissaient en province.

Un nouveau groupe est désigné par le terme de colonat. Ce statut est attesté dès l'époque de Vespasien et s'est développé sous Hadrien. Un homme libre qui voyait une terre abandonnée, en particulier parmi celles qui étaient appelées « subcesives », pouvait la mettre en valeur et y rester à condition de verser au propriétaire un tiers des fruits (*lex Manciana* en Afrique) ; le même système a été appliqué aux mines (tables de *Vipasca* dans la péninsule Ibérique).

Les artisans et les négociants cherchaient à se protéger dans le cadre de collèges ou corporations. Ces associations regroupaient tous les membres d'un même métier, les patrons et les ouvriers. Ils possédaient une caisse et des responsables, un peu sur le modèle des cités. L'État se méfiait d'eux, et ils étaient parfois interdits, toujours surveillés. On ignore pourquoi certaines villes, comme Lyon, ont eu de nombreux collèges, alors que d'autres comme Carthage n'en ont pas eu, pour autant qu'on le sache.

Les soldats comptaient au nombre des rares salariés de l'Antiquité. Ils exerçaient un métier et ils étaient payés pour le faire. Mais ils n'étaient pas riches : ils devaient tout payer, leur armement, leur vêtement et leur nourriture.

Les différents empereurs ont largement distribué la citoyenneté. On le voit aux noms que portaient les nouveaux promus et leurs descendants : Caius Iulius pour César et Auguste, Tiberius Claudius pour Claude et Néron, Titus Flavius pour les Flaviens, Marcus Ulpius pour Trajan, Publius Aelius pour Hadrien, Marcus Aurelius pour Marc Aurèle et surtout Caracalla. En 212, la Constitution antonine donna la citoyenneté à tous les hommes libres vivant dans l'Empire : toutes les distinctions juridiques s'effacèrent. Comme on l'a dit, les pérégrins étaient alors en voie d'extinction.

Les affranchis étaient d'anciens esclaves qui avaient obtenu la liberté. Les plus dynamiques pouvaient l'acheter avec leur pécule, les autres l'obtenaient comme don gratuit lors du *census*, ou par testament, ou par simple déclaration du propriétaire devant un magistrat ou même devant des témoins. Les affranchissements testamentaires devinrent si nombreux qu'une loi les limita pour ne pas trop léser les héritiers légitimes. Une majorité d'affranchis vivaient dans la misère ; ils étaient libérés par leur maître à partir du moment où ils ne pouvaient plus le servir, parce qu'ils étaient trop âgés. Il ne leur restait qu'à vivre de mendicité et à mourir. L'affranchi suivait obligatoirement le statut de son ancien maître et devenait donc soit pérégrin, soit citoyen romain. Il lui restait lié par les liens inscrits dans un contrat synallagmatique (reconnu devant les tribunaux) : devenu son client, il lui devait respect et assistance ; en échange, le maître, devenu son patron, lui devait protection.

Les esclaves, à la différence de ce qui se passait en Grèce où ils étaient considérés comme des machines ou des animaux, étaient vus par les Romains comme des hommes, mais des hommes diminués, à qui manquait la liberté, de naissance ou par suite d'un accident de la vie. On entrait dans ce milieu par la naissance (par la mère), par achat chez un peuple barbare, si l'on acceptait d'être prisonnier dans une guerre, ou par condamnation en justice. Une législation les protégeait, leur reconnaissant un droit de propriété sur leur pécule, leur tombe… L'esclave pouvait même acheter un autre esclave qui faisait le travail à sa place, un vicaire. Si leur situation s'est un peu améliorée sous l'influence du stoïcisme qui a marqué les Antonins, leur sort n'était pas toujours des plus agréables : travaillant pour quelques pièces de monnaie, dans les champs ou dans des ateliers, ils pouvaient tomber plus bas, devenir gladiateurs, prostitué(e)s… Néanmoins, on évite aujourd'hui les clichés larmoyants qui avaient cours au temps du romantisme, au XIXe siècle.

Tout en bas, existaient des *« classes dangereuses »* qui regroupaient des brigands organisés en bandes, des vagabonds, des magiciens, des charlatans de tous poils, des mages et des haruspices. On retrouve ces milieux dans *Les Métamorphoses* d'Apulée et dans *L'Âne d'or* de Lucien de Samosate. L'État ou les milices municipales n'intervenaient qu'en cas de banditisme ou de désordre ; mais alors sans faiblesse.

VII. – Les loisirs

La civilisation des Romains fut en partie une civilisation des loisirs, mais de loisirs pratiqués après le travail. La journée débutait tôt, vers 6 h / 6 h 30, par un déjeuner rapide. Suivaient de longues heures de travail et, vers 15 h commençait le temps libre, inauguré par un repas léger.

Le plus souvent, les hommes allaient aux thermes ; les femmes également, mais plus rarement et dans des établissements séparés. Autour des bains publics, on trouvait des terrains de gymnastique, des tavernes, des lupanars, des bibliothèques, des salles de lecture, et tout ce qui pouvait faire le charme de la vie. Le bain était pris dans un ordre fixe : tiède, chaud puis froid, sauf pour les malades à qui il était recommandé d'éviter les chocs. C'était un lieu de convivialité, où les gens se rencontraient et bavardaient. La fréquentation des thermes avait des conséquences sur la santé publique, mais les contemporains ne le savaient pas. Ils ignoraient l'existence des microbes et des virus et constataient simplement, de manière empirique, que ceux qui fréquentaient les thermes se portaient mieux.

Les autres loisirs étaient plus rares, parce que plus chers.

Le théâtre avait une scène rectangulaire et des gradins en demi-cercle ; c'était un lieu consacré à Dionysos ou Bacchus. Le spectateur pouvait certes assister à des représentations de comédies (Plaute et Térence) ou à des tragédies (Sénèque), ou à des pantomimes, analogues à notre mime ; elles étaient toutefois de plus en plus rares, bien que ces représentations aient appartenu au culte de Dionysos. Le plus souvent, il recherchait des représentations licencieuses et vulgaires. Dans le mime, l'acteur jouait sans masque des scènes d'amour et d'adultère. Dans le pantomime, il chantait et dansait, accompagné par un chœur. L'atellane proposait des renvois à des sujets d'actualité présentés par des personnages traditionnels.

Quelques rares cités, Rome évidemment, Athènes et aussi Lyon, Vienne et Carthage, possédaient des odéons, architecturalement des petits théâtres avec toit, lieux conçus pour les conférences, la musique, les activités intellectuelles.

Le peuple appréciait davantage les combats de l'amphithéâtre. Ces monuments avaient la forme de deux ovales concentriques, l'un entourant l'arène, l'autre les gradins ; on y trouvait deux chapelles, l'une pour Mars, dieu des armes, et l'autre pour Diane, déesse des chasses. On y voyait des activités diverses pratiquées par des gladiateurs et des animaux : homme contre homme, homme contre bête, bête contre bête. Les spectateurs aimaient les combats déséquilibrés : un rétiaire, légèrement équipé, porteur d'un filet, d'un couteau et d'un trident, contre un *secutor*, lourdement armé, porteur d'un casque, d'un bouclier et d'un glaive. Ce goût pour la cruauté a pourtant été très tôt critiqué par des intellectuels, et il a fini par lasser les gens simples eux-mêmes. Au début du IIIe siècle, la gladiature était en déclin, d'autant que l'organisation coûtait cher. L'historien Gilbert-Charles Picard pensait que ces spectacles étaient utiles pour effrayer les méchants.

Les mêmes spectateurs se retrouvaient de préférence dans le cirque pour des courses de chars. Le cirque avait une forme allongée ; l'arène était séparée en deux par un mur, délimité aux extrémités par des bornes. Peu de règles, ou plutôt des règles simples : deux ou quatre écuries, deux ou quatre véhicules, rien que l'obligation de faire sept tours d'arène et l'espoir de l'emporter ; tous les coups étaient permis au cocher, pourvu qu'il gagne.

Chaque écurie se reconnaissait à la couleur de la tunique de ses jockeys. Les spectateurs pouvaient prendre parti pour un camp ou pour l'autre, et ils le faisaient en fonction de critères sociaux : les notables soutenaient les bleus, et la plèbe les verts. Les conflits restaient en général verbaux. Ce n'était pas de ces gradins que partirait une improbable révolution. Les spectateurs avaient mieux à faire : les paris couraient et les notables distribuaient des cadeaux.

Notons enfin que les historiens oublient souvent de parler des latrines, publiques et collectives, un lieu de sociabilité des plus prisés. Les municipalités faisaient construire de vastes locaux avec beaucoup d'eau, où les hommes se retrouvaient pour parler et soulager leurs intestins en même temps ; on en trouve de très beaux et bien conservés, par exemple à Saint-Romain-en-Gal.

Le dîner, assez long, clôturait une journée bien remplie. Seuls les hommes utilisaient des lits à trois places ; les femmes et des esclaves les servaient. Le charme de la conversation alternait avec des danses et des représentations diverses, quand le maître de maison était assez riche pour payer ces distractions.

Chapitre VII

LE HAUT-EMPIRE : LA VIE DE L'ESPRIT

I. – Les lettres

Le Principat, à ses débuts, vit un fort développement de la littérature latine, puis la littérature grecque à son tour connut un bel essor au cours du IIe siècle. Cette époque connut, comme les arts, des phases classique, romantique et baroque.

C'est par une phase classique, le « siècle d'Auguste », qu'elle s'ouvrit, et elle forme un autre apogée de la littérature latine après le temps de Cicéron. Ce sommet fut favorisé par l'activité de Mécène, ami de l'empereur, qui fit de son nom propre un nom commun. Virgile, grâce à l'*Énéide*, a été considéré dès l'Antiquité comme le plus grand poète de son temps ; il a également écrit les *Bucoliques* et les *Géorgiques*. La même époque fut marquée par un grand historien, Tite-Live, qui a raconté le passé de Rome depuis les origines, et par des poètes bucoliques comme Tibulle, Properce et Ovide ; Horace, un peu en marge des autres, a diffusé une pensée empreinte d'épicurisme.

Par la suite, plusieurs genres montrèrent du dynamisme, la philosophie avec Sénèque, la poésie avec Lucain, Martial, Juvénal, l'encyclopédisme avec Pline l'Ancien, l'histoire avec Tacite et Suétone, la littérature épistolaire avec Pline le Jeune, le roman baroque avec *Les Métamorphoses* d'Apulée.

Une littérature chrétienne fit son apparition, surtout avec Tertullien.

Les auteurs grecs ne furent pas en reste et apportèrent leur soutien au nouveau régime. Après Strabon, qui a laissé une description géographique du monde, le plus grand nom est celui de Plutarque, plus moraliste qu'historien, qui, grâce à ses *Vies parallèles* et à son traducteur Amyot (1513-1593), fait aussi partie de la littérature française. Mais l'histoire eut ses auteurs, des juifs comme Philon et Flavius Josèphe, des païens comme Arrien et Appien. Cette période brillante fut appelée « la deuxième sophistique ». La philosophie s'orienta résolument vers le stoïcisme, avec Épictète et Marc Aurèle. Et Lucien donna « une œuvre abondante et diverse » (Alain Billault), baroque, d'où émergent peut-être des romans proches de ceux qu'avait écrits Apulée.

II. – Les arts

L'art romain, qui possédait une plus forte composante grecque que la littérature, l'obstacle de la langue ne pesant pas en ce domaine, est passé lui aussi par des phases classique, romantique et baroque. Et, si des diversités régionales sont attestées, elles étaient caractérisées parfois davantage par une lourdeur plus ou moins marquée que par des apports vraiment positifs.

Dans ce domaine, plus encore que dans les lettres, le « siècle d'Auguste » fut marqué par une explosion de la production, la période précédente ayant laissé peu de grands monuments. La Ville de Rome fut privilégiée avec un forum dominé par un temple de Mars, des arcs, des temples (dont le premier État du futur panthéon), des théâtres, des thermes, une naumachie pour des combats navals entre gladiateurs, et le mausolée d'Auguste, auxquels il faut ajouter l'autel de la Paix.

Dans le domaine des arts figurés, la statue d'Auguste, trouvée dans la villa que possédait sa femme à Prima Porta, porte des reliefs classiques montrant l'humiliation de l'Iran devant Rome. Dans les provinces, et toujours pour l'époque d'Auguste, on mentionnera la Maison Carrée de Nîmes, un temple du culte impérial, et le célèbre Pont du Gard, en réalité un aqueduc.

Les princes suivants ont construit des palais : Tibère à Capri, Néron (célèbre Maison d'or, détruite par la suite), les Flaviens sur le Palatin et Hadrien (villa de Tivoli). Ils ont également laissé la série des forums impériaux, qui continuaient ceux qu'avaient fait construire César et Auguste ; le plus impressionnant est sans doute celui qui porte le nom de Trajan, et qui est dominé par une colonne sculptée racontant les guerres daciques, la première bande dessinée de l'histoire. D'autres colonnes marquent le paysage urbain. Elles étaient destinées à commémorer les exploits d'Antonin le Pieux et de Marc Aurèle. Parmi les monuments importants, on leur ajoutera l'arc de Titus, le panthéon d'Hadrien et le temple de Vénus et de Rome. Pour les arts figurés, nous renvoyons à la Gemma Augustea, aux peintures de Pompéi, aux statues d'Antinoüs et à la statue équestre de Marc Aurèle, modèle de romantisme qui se trouve encore sur le Capitole. Les cités des provinces se couvrirent de monuments et d'œuvres d'art figurées innombrables.

Le IIIe siècle eut une production marquée par le réalisme dans les sculptures qui ornaient des sarcophages et dans les portraits.

III. – Les polythéismes

La vie religieuse du Principat se diversifia, d'où le pluriel de « polythéismes », et elle devint ce que Marcel Le Glay appelait un mille-feuille.

Dans les provinces, perdurèrent les cultes locaux qui ne furent pas interdits, sauf sur des points précis qui allaient à l'encontre de l'ordre public (druides, sacrifices humains). Bien plus, les pratiques locales bénéficièrent de nouveaux moyens d'expression : l'architecture et la sculpture. Les Gaulois continuèrent à honorer Taranis, dorénavant appelé Jupiter, Épona, la déesse des écuries et des chevaux, et tout leur panthéon, et les Africains restèrent fidèles à Saturne, nom latin de Ba'als Hammon (l'*interpretatio romana* consistait à donner un nom latin à un dieu exotique).

Les cultes traditionnels furent toujours honorés : triade capitoline, Mars, Vénus…

Arriva aussi le culte impérial, une vraie et nouvelle religion qui ne fut jamais imposée mais toujours proposée. Les habitants de l'Empire pouvaient honorer ou non, vénérer le Génie de l'empereur, ou son Numen, ou sa personne, ou sa famille, ou ce qu'ils voulaient. Ils le faisaient individuellement ou au niveau de la cité par l'intermédiaire du flamine et des collèges appelés *seviri* et *augustales*, ou encore au niveau de la province.

Dès la fin de l'époque républicaine arrivèrent des cultes que les historiens appellent « orientaux », mais qui, précisément, n'ont qu'un point commun, venir de la partie orientale du monde ancien, et qui ne se diffusèrent vraiment qu'à partir du milieu du IIe siècle de notre ère. Tous avaient le charme de l'exotisme et parfois du secret. Quelques-uns étaient des cultes à mystères, avec des mythes et des rites réservés aux initiés ; certains donnaient l'espoir d'une vie éternelle. On compte parmi ces dieux Isis et Sérapis, venus d'Égypte, les Ba'als syriens, les Grecques Déméter et Korè, Attis et Cybèle arrivés d'Anatolie, l'Iranien Mithra. Nous pensons que tous ces cultes restèrent confinés à des milieux étroits, mais d'autres historiens imaginent une vague qui a submergé l'Occident. La crise du IIIe siècle (chapitre VIII, § I) fut ressentie comme un abandon de Rome par les dieux, fâchés de ne pas être honorés par les chrétiens.

IV. – Les monothéismes

L'Empire romain connut deux monothéismes (les historiens ont une fâcheuse tendance à oublier le judaïsme).

En droit romain, l'appartenance au judaïsme l'était à la fois à une nation et à une religion. Au début de l'époque impériale, les juifs se partageaient en quatre « sectes » ; chacune correspondait à des choix religieux, politiques et sociaux. Les riches sadducéens privilégiaient le culte du Temple et, au début, ne furent pas hostiles à Rome. Les pharisiens, socialement plus mélangés, étaient plus prudents en politique et plus attachés aux rites. Les esséniens attendaient une fin du monde prochaine et ils détestaient les occupants, tout comme les zélotes qui, eux, attendaient la venue d'un Messie. Deux vraies guerres, en 66-70 et 132-135, aboutirent à deux désastres militaires et à une réunification religieuse, sous l'autorité morale des pharisiens qui complétèrent la Bible par un recueil de préceptes, le Talmud. L'État romain persécuta ce peuple, coupable de révolte.

Le christianisme prit naissance en son sein : le Christ et ses premiers disciples étaient juifs, et ils furent perçus par leurs compatriotes d'abord comme une sorte de cinquième secte, puis comme des hérétiques. La rupture complète vint sans doute de saint Paul (il y a là un sujet délicat, qui a suscité beaucoup de controverses) ; il proposa l'abandon de la circoncision et l'ouverture de la foi aux gentils. Un corpus de textes fut élaboré, le Nouveau Testament, qui complétait l'Ancien Testament et se proposait de le mettre à jour. Des rites simples furent pratiqués de manière discrète, dans des maisons privées, en sorte qu'il n'y eut pas d'art chrétien.

L'État romain persécuta aussi les chrétiens, de manière ponctuelle d'abord : Néron à Rome, Pline le Jeune en Bithynie ; sainte Blandine fut martyrisée à Lyon, les saintes Perpétue et Félicité à Carthage. Puis, les premiers Pères de l'Église, Tertullien et saint Cyprien par exemple, commentèrent le message du Christ. La persécution devint systématique au cours de la crise du IIIe siècle, notamment sous Dèce et Valérien.

Chapitre VIII

DU IIIe SIÈCLE AU BAS-EMPIRE

I. – La crise du IIIe siècle

Pour une fois, les historiens sont d'accord entre eux : la crise qui secoua l'Empire au cours du IIIe siècle a une origine militaire : des ennemis plus nombreux, mieux organisés et plus agressifs, attaquaient de plus en plus simultanément. Les Romains subirent des défaites lourdes, et des empereurs furent tués au combat (Gordien III peut-être et assurément Dèce) ou capturés (Valérien).

Deux ennemis se manifestèrent avec une vigueur particulière. Les Germains s'étaient organisés en ligues (Francs, Alamans) et reçurent des renforts (les Goths, autre ligue ; plus tard les Vandales puis les Burgondes). Ils adoptèrent des tactiques plus efficaces. Quant aux Iraniens, ils se dotèrent d'une armée permanente, apprirent à pratiquer la poliorcétique, ou technique du siège, et recoururent davantage à l'infanterie.

La crise militaire entraîna quatre autres crises.

Crise politique. – La défaite prouvait que l'empereur avait été abandonné par les dieux. Le préfet du prétoire le tuait, prenait sa place et nommait un nouveau préfet du prétoire qui le tuait quelques mois après. L'Empire était devenu une monarchie absolue tempérée par l'assassinat. Ces faiblesses du pouvoir central incitèrent nombre de généraux à tenter des coups d'État, ce qu'on appelle improprement des « usurpations ». Il n'est pas assuré que certains de ces révoltés n'aient pas été sincèrement persuadés qu'ils se battaient pour le bien de l'Empire. Dans ces conditions, il était impossible d'appliquer une politique suivie.

Ces échecs provoquèrent des réactions. Voyant que le pouvoir central était incapable de les défendre, des provinciaux prirent leurs affaires en mains. Des mouvements de sécession se manifestèrent. En Gaule, le général Postumus voulut prendre le pouvoir ; il ne put renverser l'empereur légitime, mais il constitua un vaste empire des Gaules à l'ouest. En Orient, une cité caravanière, Palmyre, dirigée par un notable, Odeynath, se proposa de défendre Rome contre l'Iran (son projet était différent de celui qu'avait élaboré Postumus). Il demanda à devenir *dux* et *corrector*, soit chef militaire et civil, puis préfet de Mésopotamie et enfin il prit le titre iranien de « roi des rois ». Quand il mourut, la reine Zénobie prit le pouvoir sous le couvert de son fils, Waballath. Elle constitua un empire qui s'étendit sur une partie de l'Orient romain. De toute façon, les Palmyréniens avaient barré la route aux Iraniens.

Crise économique. – Les barbares tuaient, pillaient et détruisaient. Les besoins de la guerre provoquèrent une forte inflation : le métal précieux manquant, les monnaies en circulation étaient de plus en plus légères et contenaient de plus en plus de bronze. Sans le savoir, en acceptant des salaires que l'État ne pouvait pas leur payer, les soldats avaient creusé leur propre tombe.

Crise sociale. – Les riches devinrent plus rares, et ceux qui restaient étaient plus aisés par un phénomène de concentration foncière. Les notables furent ruinés par l'impôt, car ils étaient responsables de son paiement. Certains préférèrent tout abandonner et vivre en mendiants au désert (Égypte) ; d'autres s'efforçaient d'entrer dans le clergé, qui bénéficiait d'exemptions. Les pauvres devinrent plus pauvres, et beaucoup furent réduits au brigandage.

Crise morale. – Les désastres montraient que les dieux se détournaient de Rome ; ils se sentaient négligés parce que les chrétiens ne les honoraient pas. Dèce et Valérien organisèrent des persécutions pour les forcer à honorer les dieux et surtout à pratiquer le culte impérial. La résistance fut plus vive en Afrique, où l'on compta de nombreux martyrs, qu'en Gaule, où les fidèles pensèrent sans doute que la vie valait bien un parjure arraché sous la contrainte.

D'une manière générale, on tend actuellement à marquer les *limites* de cette crise. Elle fut perçue avec davantage d'acuité sur le Rhin, le Danube et en Syrie qu'en Italie, en Espagne ou en Afrique. Bien qu'il y ait eu des signes annonciateurs sous Marc Aurèle, puis sous Caracalla et Sévère Alexandre, elle ne commença vraiment qu'avec le deuxième tiers du siècle. Le fond fut atteint au temps de Gallien. Les historiens actuels pensent que le redressement commença après la mort de ce souverain, dès 268. Certes, Aurélien (270-275) réussit à résorber les deux sécessions de la Gaule et des Palmyréniens. En 272, il prit d'assaut Palmyre ; puis il se tourna vers la Gaule. Il se rendit à Châlons-sur-Marne, avec ses troupes. Successeur lointain de Postumus, Tetricus vint à sa rencontre, lui aussi avec des soldats. Sur le champ de bataille, il préféra parvenir à un accord ; il se rendit avec l'assurance d'obtenir son pardon. Mais nous pensons qu'il fallut attendre 284 pour voir un vrai changement.

II. – La renaissance

Les historiens actuels écrivent, avec une belle unanimité, que l'année 284 ouvrit une période de renaissance dans tous les domaines, militaire, économique, spirituel et religieux. Quelques-uns sont allés jusqu'à condamner l'expression de « Bas-Empire », jugée péjorative. L'archéologie confirme cette renaissance mais en précise les limites : le nombre de tessons croît, mais demeure moins élevé que sous le Principat, et un ralentissement se fit jour après le milieu du IVe siècle.

Quatre empereurs se succédèrent. Dioclétien (284-305), un militaire illyrien, conçut la Tétrarchie : il partagea l'Empire entre deux Augustes, un senior protégé par Jupiter (lui) et un junior protégé par Hercule (Maximien), et deux Césars (Galère et Constance Chlore). Il décida qu'au bout de vingt ans les Augustes démissionneraient et seraient remplacés par les Césars. Lui et ses adjoints remportèrent des victoires sur les Germains et sur l'Iran et remirent de l'ordre en Égypte, en Afrique et en Bretagne, ce qui ne les empêcha pas de lancer une violente persécution contre les chrétiens. Dioclétien réorganisa toutes les cités et toutes les provinces de façon à ce qu'elles fussent sur le même modèle ; il réforma l'armée et créa un nouveau système monétaire.

En 305, Dioclétien et Maximien abdiquèrent, ce qui provoqua un épisode de guerre civile dont sortit vainqueur Constantin Ier (306-337). Ce dernier mena des guerres civiles, qu'il gagna toutes, surtout contre Maxence qui tenait Rome et contre Licinius, qui disposait des forces de l'Orient. Il est surtout célèbre pour sa politique à l'égard des chrétiens : l'édit de Milan leur donna la liberté de culte ; lui-même finit par se convertir, et il fut baptisé sur son lit de mort, comme faisaient tous les chrétiens de son temps. Cette option religieuse

Fig. 5. – **Carte administrative de l'Empire après les réformes de Dioclétien et de Constantin**

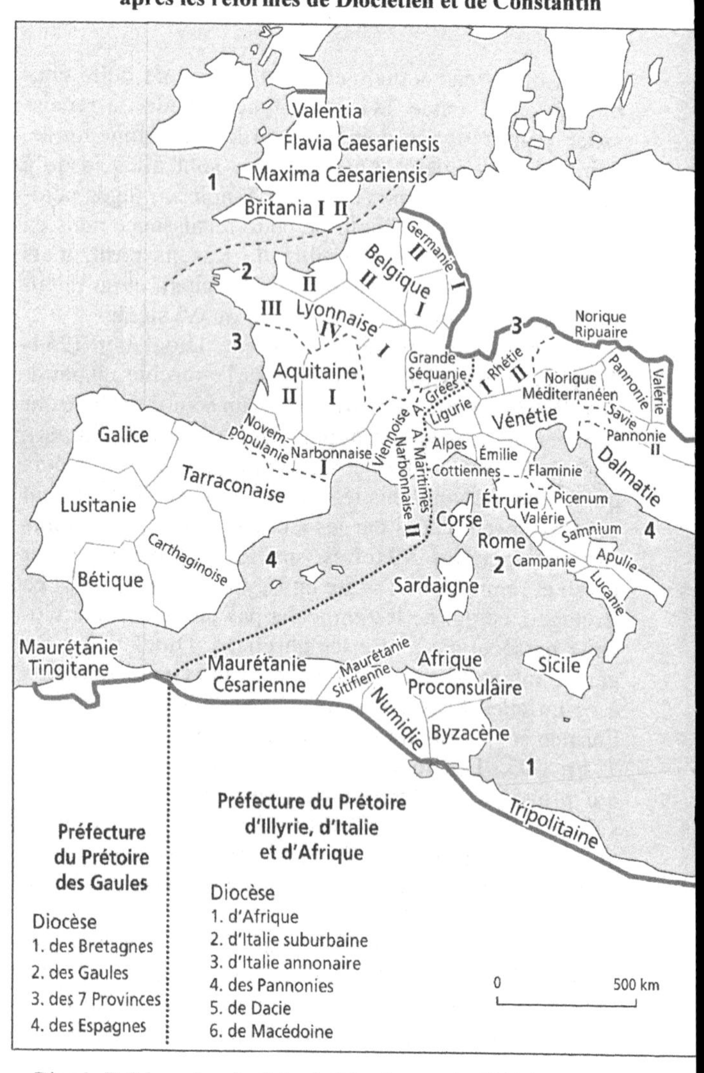

D'après R. Rémondon, *La Crise de l'Empire romain*, 1964, Paris, Puf, carte 4, p. 328-329.

CARTE ADMINISTRATIVE DE L'EMPIRE APRÈS LES RÉFORMES DE DIOCLÉTIEN ET DE CONSTANTIN ET LA FIXATION DES PRÉFECTURES DU PRÉTOIRE

- Limites des provinces
- Limites des diocèses
- Limites des préfectures du prétoire
- Frontières de l'Empire
- Ligne de la «*partitio imperii*»

5
Mésie
Dacie Ripuaire
Mésie
Scythie
1
Constantinople
3
Pont
Polémoniaque
Dacie Méditerranéenne
Dardanie
Prévalitane
Thrace
Hémus
Europe
Héléno-pont
Paphlagonie
Arménie I
Arm. Majeure
Rhodope
Bithynie
Cappadoce I
Arménie II
Arzanène
Macédoine
Hellespont
Phrygie I
Phrygie II
Galatie
Cappadoce II
Mésopotamie
Épire Nouveau
Épire Ancien
Thessalie
Asie
Lydie
Pisidie
Lycaonie
Cilicie I
Cilicie II
Osrhoène
Euphratensis
Carie
Pamphylie
Isaurie
Syrie I
Syrie II
Achaïe
6
Lycie
2
Phénicie
Phénicie Libanaise
Crète
Chypre
Arabie
4
Palestine I
Palestine II
Palestine III
5
Libye II
Libye I
Égypte
Augustamnique
Thébaïde I
Thébaïde II

Préfecture du Prétoire d'Orient

Diocèse

1. des Thraces
2. d'Asie
3. du Pont
4. d'Orient
5. d'Égypte

explique qu'il soit bien aimé des chrétiens, plus critiqué par les autres. Pour le reste, il poursuivit les réformes de son prédécesseur, surtout dans le domaine militaire : les effectifs avaient été accrus, une nouvelle garde impériale, formée par les scholes palatines, unités de barbares, avait remplacé l'ancienne, et les légions avaient été réduites en général à 1 000 hommes. Le conseil de révision ou *dilectus* fut abandonné. On enrôlait ceux qui se présentaient, on recourait au recrutement plus ou moins volontaire de misérables, de barbares et d'hommes fournis à titre d'impôts par les grands propriétaires.

La fondation de Constantinople, deuxième capitale, correspondait à un déplacement du centre de gravité. Les trois fils de Constantin Ier, Constance II, Constantin II et Constant, lui succédèrent. Au terme de plusieurs épisodes de guerres civiles, ce fut Constance II (337-361) qui sortit en vainqueur de la confrontation. Il donna un caractère hiératique, sacré et chrétien à un pouvoir cruel. On a dit de lui qu'il a été le premier empereur byzantin. Il fut aussi celui « par qui le monde s'étonna d'être arien », puisqu'il avait adhéré à cette conception théologique (voir plus loin, § XI).

La renaissance de la menace iranienne le poussa à partager le pouvoir avec un jeune parent, Julien, envoyé en Gaule. Puis il demanda des renforts à Julien contre l'Iran. Ne voulant pas aider l'Orient, les soldats d'Occident se révoltèrent et portèrent Julien au pouvoir, plus ou moins contre son gré (361-363). Ce dernier, qui venait de mettre de l'ordre en Gaule, marcha contre Constance II qui, par bonheur, mourut de mort naturelle. Julien se proclama polythéiste (les chrétiens, pour l'injurier, l'ont appelé « l'Apostat »). Il entreprit d'écraser l'Iran. Mais l'entreprise tourna mal, au moins pour lui, car il fut tué.

III. – Les Germains

Les Romains étaient entrés en contact avec les Germains lors de l'invasion des Cimbres et des Teutons, marquée pour eux par le désastre d'Orange, en 105 avant J.-C. Ils les ont rencontrés de nouveau pendant les guerres de César, ensuite lors de la tentative malheureuse d'Auguste qui avait voulu créer une province de Germanie entre Rhin et Elbe, entreprise qui se termina en 9 après J.-C. par un autre désastre, au Teutoburg (ce site a été identifié avec Kalkriese, en Westphalie).

Les Germains étaient organisés suivant un modèle monarchique, obéissant à des rois – chefs de guerre. Le souverain était assisté par une assemblée et un conseil plus étroit. Le peuple était organisé en cantons et en familles. Pour tous, la violence, surtout au combat, représentait une valeur essentielle. Contrairement à la légende, et même s'ils possédaient de très bons cavaliers, les Germains combattaient surtout comme fantassins, mal protégés, utilisant des armes offensives diverses, variant d'un peuple à un autre (hache, longue lance ou framée et longue épée ou *spatha*). Leur tactique désordonnée les mettait facilement à la portée des Romains, qui n'ont jamais été vaincus qu'à la suite de fautes de commandement.

Au début du IIIe siècle, les Germains vivant près de l'Empire adoptèrent une nouvelle tactique plus « romaine », en phalange, et ils se regroupèrent en ligues, Francs et Alamans ; d'autres Germains arrivèrent, les Goths. Les guerres furent alors rendues plus difficiles pour les légions qui connurent les pires échecs au milieu du siècle. La situation se rétablit lentement.

Au cours du IVe siècle, de nombreux Germains entrèrent dans l'armée romaine et les meilleurs atteignirent les plus hauts postes. Après le milieu du IVe siècle, les anciens ennemis retrouvèrent leur agressivité et de nouveaux ennemis firent leur apparition, Vandales, Suèves, Saxons, Burgondes notamment. En 378, l'empereur Valens fut vaincu par les Goths et tué à la bataille d'Andrinople. En 406, les Vandales, les Alains et les Suèves percèrent la frontière du Rhin. En 410, les Goths, déjà installés depuis plusieurs décennies dans l'Empire, pillèrent Rome. Les contemporains (saint Augustin) eurent le sentiment qu'un monde s'effondrait. Les Vandales et leurs alliés s'installèrent dans la péninsule Ibérique. Les Goths créèrent le royaume de Toulouse, puis ils s'installèrent dans une Espagne préalablement évacuée par les Vandales, qui avaient migré vers l'Afrique (de 429, débarquement près de Tanger, à 439, prise de Carthage).

IV. – **L'Iran**

L'Iran était le seul État capable de rivaliser avec l'Empire romain par son étendue, sa population et son organisation. Les modernes, à la suite des anciens, l'appellent en le désignant par la patrie de la dynastie au pouvoir, « Parthes » (les Arsacides venaient de Parthie) puis « Perses » (les Sassanides étaient des Perses), ce qui est une inexactitude, l'Iran étant un conglomérat de peuples comprenant Parthes, Perses, Mèdes...

Les Romains avaient combattu l'Iran et subi des défaites, à Carrhae en 53 avant J.-C. et au temps de Marc Antoine. Puis Auguste avait imposé sans guerre la restitution des enseignes, en 19 avant J.-C. Trajan était mort à temps, avant d'être vaincu, en 117. Mais Marc Aurèle et Septime Sévère, plus habiles, avaient écrasé cet ennemi.

Dans le domaine militaire, l'Iran n'était pas un danger véritable pour Rome et, jusqu'au début du IIIe siècle, ce pays n'a vaincu les légions que dans le cas où il pouvait profiter d'une faute du commandement des Romains. Les Iraniens eux-mêmes en étaient conscients, qui avaient mis au point une tactique leur causant peu de pertes : en cas d'invasion, ses armées recouraient à la guérilla et elles reculaient pour attirer les ennemis vers des régions isolées, surtout des déserts, où la logistique ferait défaut. Les généraux iraniens utilisaient donc la nature pour se protéger, et surtout les deux obstacles majeurs qui s'interposaient entre eux et Rome, un désert au sud, la Mésopotamie, et une montagne au nord, l'Arménie.

Au début du IIIe siècle, l'armée iranienne se renforça dans des conditions mal connues, sans doute avec l'aide de déserteurs de l'armée de Pescennius Niger. Elle se dota d'une infanterie lourde permanente et donc professionnelle, et apprit la poliorcétique. Entre 238 et 244, elle mena de vigoureuses offensives. Les succès culminèrent en 260, quand l'empereur Valérien fut capturé au combat.

L'Iran était dirigé par une monarchie (dynastie des Arsacides jusqu'au début du IIIe siècle, des Sassanides ensuite), souvent qualifiée à tort de « féodale » (la féodalité est apparue au Moyen Âge), parce que les nobles y jouaient un grand rôle. L'armée était surtout formée de troupes montées, cavaliers lourds ou cataphractaires (nobles) et légers ou archers, célèbres par « la flèche du Parthe » lancée vers l'arrière lors d'une fuite feinte.

De nombreuses guerres marquèrent la période qui suivit. Dioclétien réussit à vaincre l'armée iranienne et à prendre les provinces de Mésopotamie, ce qui fut ressenti à la fois comme une injustice et comme une humiliation. Au milieu du IVe siècle, le conflit reprit (il couvait à la mort de Constantin Ier). En 363, Julien tenta d'envahir l'Iran : il descendit l'Euphrate sans problèmes majeurs, rencontra des difficultés dès qu'il voulut remonter le Tigre et fut tué par un soldat isolé. Jovien conclut une paix honteuse avec les ennemis pour conforter son propre pouvoir à l'intérieur de l'Empire.

V. – L'armée

Dioclétien et Constantin Ier transformèrent complètement l'armée romaine. Un débat a été ouvert depuis longtemps, pour savoir ce qui revient à l'un et à l'autre. Les historiens manifestent en général beaucoup d'enthousiasme devant des réformes sur lesquelles il est pourtant raisonnable de manifester des réserves.

Dans le domaine de l'armement, il n'y eut ni réforme ni révolution mais une lente évolution, entreprise dès le milieu du IIIe siècle. Les fantassins avaient renoncé au couple *gladius-pilum*, et ils utilisaient la *spatha*, longue épée germanique à deux tranchants, sans pointe, et la *lancea*, longue lance de choc ; ils conservaient casque, cuirasse et bouclier.

Dioclétien aligna toutes les unités, légions et auxiliaires, sur le même modèle de 500 ou 1 000 hommes ; dans le même temps, il augmenta les effectifs, pensant que la quantité suppléerait la qualité. En effet, le recrutement par l'État lors du conseil de révision ou *dilectus* fut abandonné. Les propriétaires durent fournir des recrues, et ils ne donnèrent évidemment pas toujours les meilleurs de leurs paysans ; les effectifs furent complétés par des volontaires, peu nombreux et jamais bons dans les temps de difficultés, souvent des barbares ou des paysans ruinés, voire des vagabonds.

En ce qui concerne la garde impériale, on sait que Constantin Ier supprima les cohortes prétoriennes et mit à leur place des scholes palatines. Il développa le processus de remplacement des Romains par des barbares, ce qui était une fausse bonne idée : si les barbares permettaient d'économiser le sang romain, et s'ils connaissaient bien la tactique des adversaires, ils n'avaient pas toujours envie de se faire tuer pour Rome.

Il supprima les pouvoirs de commandement des préfets du prétoire, confinés dans des tâches de logistique et, peu à peu, plutôt tardivement, il mit à la tête de l'armée des *magistri militum*, improprement appelés « maîtres des milices », qu'il vaut mieux désigner comme « généraux », et qui étaient répartis entre la cour et les provinces. Un nouvel encadrement fit son apparition : comtes, ducs, préposés et tribuns pour le niveau des officiers supérieurs, primiciers, sénateurs, ducénaires et centenaires pour les officiers subalternes. Un seul point positif dans un océan de médiocrité : un bon tacticien pouvait sauver la situation (Julien à Strasbourg, en 357).

Après 363, l'armée romaine manifesta une redoutable inefficacité : elle subit un désastre devant les Goths à Andrinople en 378 ; en 406, elle ne put pas empêcher l'invasion de la Gaule puis de la péninsule Ibérique par les Vandales, accompagnés par des Alains et des Suèves, et elle laissa faire le double sac de Rome en 410, de nouveau par des Goths.

VI. – La bureaucratie

Une monarchie plus autoritaire et plus sacralisée, voire hiératique, se mit en place et elle prépara l'évolution vers la monarchie byzantine.

Peu de contrepoids s'opposaient à l'autorité de l'empereur. Le Sénat et le peuple de Rome avaient perdu toute possibilité d'action pour peser sur un souverain qui ne vivait plus à Rome mais sur la frontière, dans les camps. Quant à l'armée, elle ne s'exprimait plus qu'à travers les officiers d'état-major qui se réunissaient parfois, notamment pour désigner un successeur à un souverain mort et imprévoyant ; les barbares étaient de plus en plus présents à la cour ; les chrétiens pesaient de plus en plus (Théodose Ier dut s'humilier devant saint Ambroise qui lui reprocha une répression trop cruelle).

L'empereur était la loi ; il était aussi le chef des armées et, si le païen Dioclétien ajoutait à ces titres les fonctions de chef de la religion, les empereurs chrétiens durent se contenter de servir de défenseurs de la vraie foi, définie par les synodes et les conciles.

L'administration centrale changea profondément. Le conseil, dorénavant appelé consistoire, s'occupait toujours des affaires de l'État ; l'empereur y avait évidemment toujours le dernier mot. La maison impériale fut administrée par le chef de la Chambre sacrée. L'administration proprement dite fut partagée entre une *schole* des notaires (ceux qui prennent des notes) sous le *primicier*, et des *scrinia* (bureaux) sous des *magistri*, eux-mêmes soumis à un questeur. On distinguait les services des requêtes *(libelli)*, des archives *(memoria)* et de la correspondance *(epistulae)*. Les finances furent gérées par deux comtes, un pour les biens privés, l'autre pour les largesses sacrées. Théoriquement différents, ces deux trésors se complétaient et leurs attributions étaient réparties suivant des règles mal définies. Innovation qui a contribué à la naissance d'une légende noire de l'Empire, une police secrète fit son apparition et l'on redouta les sinistres *agentes in rebus* mis à la disposition du maître des offices.

Dans les provinces, le pouvoir civil resta aux gouverneurs ou *praesides*, qui ne gardèrent que leur fonction judiciaire, au point qu'ils sont souvent appelés simplement « les juges ». Le domaine militaire était strictement séparé du domaine civil. Les provinces furent regroupées en diocèses confiés à des vicaires, et les diocèses formèrent trois préfectures du prétoire (Orient, Occident et Italie-Afrique). Le titre de préfet du prétoire changea donc complètement de signification au moment où les cohortes prétoriennes furent dissoutes.

L'uniformité présida aussi au destin des cités, toutes égales entre elles et toutes appelées désormais *civitates*. Des études récentes ont montré que la vie municipale a perduré au IVe siècle, mais elle manifesta sans doute moins de dynamisme que ne le disent les auteurs de ces enquêtes ; elle fut pourtant bien vivante. Chaque cité était placée sous l'autorité d'un curateur, sorte de maire assisté par une assemblée de notables, les curiales, eux-mêmes successeurs des décurions du Principat. L'assemblée populaire est encore attestée, mais rarement, de même que les magistrats traditionnels, questeurs, édiles et duumvirs. Sur eux pesait la mission de percevoir les impôts ; ils en étaient responsables sur leurs propres deniers, et cette charge pesait si lourd que des abandons de patrimoine et la fuite au désert (en Égypte) sont attestés.

VII. – **La prospérité**

Pendant longtemps, les historiens ont écrit que le Bas-Empire avait été une période de misère économique (dernier ouvrage à défendre cette thèse, non sans brio : R. Rémondon, dans la collection « Nouvelle Clio », en 1964). Mais les découvertes de tessons de céramique faites en fouilles avaient montré, dès les années 1950, que cette conception était erronée et maintenant plus personne ne conteste l'existence d'une reprise économique au début du IVe siècle, malgré des difficultés, marquées notamment par une inflation record.

Vers la fin du IIIe siècle et le début du IVe, la prospérité revint donc. Elle fut symbolisée, et aidée, par une nouvelle organisation monétaire inspirée du modèle d'Auguste, un bimétallisme or-argent. Circulèrent donc un aureus de 5,45 g, un argenteus de 3,41 g et des folles de bronze de plus de 9 g. Mais l'instauration de ce système provoqua d'abord une inflation si grave que le pouvoir politique fit ce qu'il n'avait jamais fait : en 301, il intervint dans la vie économique par un « édit du maximum » (maximum des prix et salaires). Si l'économie monétaire perdura, le troc prit une importance croissante et les salaires des militaires furent de plus en plus payés en nature.

La première moitié du IVe siècle vit donc une prospérité plus ou moins forte suivant les régions, suivie par un lent déclin de l'Occident, interrompu seulement par les mesures efficaces de Julien en faveur des notables. Dans le même temps, beaucoup de signes indiquaient que l'Orient, lié à l'or, connaissait un essor net. En Occident, domaine de l'argent, l'Afrique et la Bétique prospéraient davantage que la Gaule et la Bretagne.

Les productions changèrent peu : le blé restait la base de l'alimentation et, dans les pays méditerranéens, il se combinait toujours à l'olivier et à la vigne ; l'élevage et la pêche *(garum)* fournissaient toujours des compléments appréciés. À la campagne, ce furent surtout les structures foncières qui changèrent. Un phénomène de concentration de la propriété est attesté. Un nouveau colonat succéda à l'ancien (voir § suivant) et des barbares furent installés à l'intérieur de l'Empire, surtout près des frontières. C'est ainsi que des Francs reçurent des terres dans le Nord de la Gaule, en échange du service militaire. La céramique et le bois fournissaient ses principaux matériaux à l'artisanat, qui utilisait aussi les textiles, le fer et le verre. Des ateliers impériaux, travaillant en partie pour l'armée, firent leur apparition. De nouveaux axes commerciaux se manifestèrent, notamment en Italie autour de Milan et Aquilée. Le commerce maritime reprit, et Ostie, Carthage et Alexandrie restèrent les grands ports.

VIII. – La société

La société du IVe siècle resta une société d'ordres et de classes ; mais elle évolua vers un système de castes qui ne fut jamais complètement constitué, bien que la mobilité ait été de plus en plus réduite.

L'ordre équestre fut victime de son succès. Constantin Ier cessa de distribuer des brevets de chevaliers et il donna le titre de sénateurs à tous ceux qui avaient jusqu'alors été chevaliers. Il y eut donc deux sortes de sénateurs, les sénateurs d'Empire, environ 5 000 familles, et les membres du Sénat de Rome, au nombre de 300. Ces derniers virent leur rôle considérablement diminué ; ils ne servirent plus que de conseil municipal pour la plus grande ville du monde, tandis que les premiers occupaient tous les postes de l'administration et de l'armée ; puis Constantinople eut aussi son Sénat.

Si les sénateurs étaient tous riches, quelques-uns étaient devenus très riches pendant la crise du IIIe siècle, comme le préfet du prétoire Probus. Quelques autres personnages, qui n'exerçaient aucune fonction publique, s'étaient également élevés jusqu'à la catégorie des nantis et même des très nantis. Ils vivaient moins souvent en ville et ont laissé des villas considérables et enrichies de mosaïques (les plus célèbres de ces demeures rustiques sont la villa de Montmaurin dans la Haute-Garonne et la villa de Piazza Armerina en Sicile).

Ce furent les milieux populaires, qui représentaient peut-être 90 % de la population de l'Empire, qui souffrirent le plus. Les soldats furent de plus en plus mal payés, ce qui décourageait les plus dynamiques des jeunes gens. Les paysans libres, qui avaient obtenu le statut de colons sous le Principat, gardèrent le même titre ; mais, comme les impôts les écrasaient eux aussi, ils tentaient de changer au moins de région sinon de statut.

Des lois leur interdirent de bouger et ils furent fixés à la glèbe. Ce ne sont pas les esclaves, mais ces colons qui furent les ancêtres des serfs du Moyen Âge.

Car l'esclavage perdura, et les Pères de l'Église ne trouvèrent en général rien à redire à cette institution. Ils demandèrent seulement un peu plus d'humanité, ce qui leur fut accordé. Ainsi, au lieu de marquer au fer rouge le visage des fugitifs rattrapés, les maîtres leur attachèrent au cou de lourds colliers de plomb avec le nom et l'adresse du propriétaire.

Il ne restait aux colons ruinés et aux esclaves malheureux qu'à devenir brigands, comme l'étaient les célèbres bagaudes qui ravagèrent la Gaule. On passait là des « classes laborieuses » aux « classes dangereuses ».

IX. – **Les cultures**

Le goût pour les œuvres d'art et les écrits perdura, évidemment, avec des caractères nouveaux ; mais la tradition classique fut admirée et respectée. Pourtant, il faut établir deux distinctions majeures, entre l'Occident latin et l'Orient grec, entre les chrétiens et les polythéistes.

L'architecture donna peu de grandes créations et peu de nouveautés. On explique cette relative modestie par le fait que les villes avaient été pourvues du nécessaire pendant le Haut-Empire ; il suffisait de restaurer ce qui avait besoin de l'être. Néanmoins, quelques empereurs voulurent encore embellir Rome : thermes de Dioclétien, monuments de Maxence sur la voie Appienne, arc de Constantin. En Occident, Rome, Carthage et Autun ont profité de cet essor. En Orient, Constantinople, Alexandrie, Antioche et Pergame également.

Les chrétiens apportèrent peu d'éléments nouveaux. Les premières églises, plutôt tardives, furent bâties sur le modèle des basiliques civiles. Elles formèrent un complexe épiscopal, ensemble de trois éléments, l'église, le baptistère et la maison de l'évêque. Les riches purent obtenir des « sépultures privilégiées », qui étaient des « sépultures de privilégiés » (P.-A. Février) dans les églises : ils se faisaient enterrer près des reliques des saints.

Au chapitre des arts figuratifs, on retiendra les monnaies, la sculpture et surtout la mosaïque. L'iconographie était moins respectueuse de la perspective et de la fidélité dans la représentation des traits. Les modernes disent que ce n'était pas par ignorance, mais intentionnellement, par souci des réalités cachées.

En Occident et donc en latin, nous signalerons les chrétiens Arnobe de Sicca, Lactance, et les trois très grands que furent saint Ambroise, saint Jérôme et saint Augustin. Chacun des Pères de l'Église a écrit des traités de polémique (contre les païens, les juifs, les hérétiques et les schismatiques) et des traités de théologie, permettant de mieux comprendre la nature de Dieu et de son Fils. Saint Augustin a laissé une œuvre considérable ; son importance fut telle qu'il a dominé le Moyen Âge et qu'il reste encore un des Pères de l'Église parmi les plus lus et les plus commentés. Du côté des païens, on citera Porphyre et Jamblique en philosophie, l'historien Aurelius Victor et le poète Ausone. Le plus grand nom est assurément celui de l'historien, toujours païen, Ammien Marcellin. D'autres auteurs païens ont produit leur œuvre à cette époque, Macrobe (grammairien), Claudien (poète) et Symmaque (orateur et épistolier). Vers le début du Ve siècle, un anonyme appelé l'auteur de l'*Histoire Auguste* (*S.H.A.*) a laissé des biographies impériales sérieuses pour le IIe siècle et le début du IIIe, fantaisistes pour la suite.

En Orient, et donc en grec, nous mentionnerons le païen Julien, « l'Apostat », et qui a laissé une œuvre d'un haut niveau littéraire. Libanius d'Antioche, ami d'Ammien Marcellin, autre polythéiste, a laissé lui aussi une œuvre d'une ampleur considérable par la qualité et la quantité, des lettres et des discours. Parmi les grands auteurs chrétiens de l'Orient, on nommera Eusèbe de Césarée, Athanase d'Alexandrie et les trois Cappadociens, Basile de Césarée, Grégoire de Nazianze et Grégoire de Nysse, auxquels on joindra saint Jean Chrysostome.

X. – **Les polythéismes**

Les polythéismes perdurèrent et évoluèrent. Ils se maintinrent chez les élites comme dans le peuple. Il n'est pas possible de réduire le polythéisme à une religion de gens incultes. Les paysans restaient attachés à des dieux qu'ils craignaient, au point que le mot paysan, *paganus*, « païen », fut utilisé par les chrétiens comme une injure contre les tenants des dieux anciens. Mais les sénateurs romains bataillèrent longtemps, de 382 à 402, contre les empereurs chrétiens qui voulaient les forcer à enlever l'autel de la Victoire placé dans la curie.

À partir de Constantin Ier, qui confisqua les biens des temples en 331, brisant la colonne vertébrale du polythéisme, la répression s'abattit sur les réfractaires : persécutés jusque-là, les chrétiens devinrent persécuteurs. Mais, à la différence des chrétiens, les païens ne se jetèrent jamais dans le martyre et la philosophe Hypatie d'Alexandrie, massacrée par des moines en 415, fut une exception, victime de conditions locales particulières.

Un débat idéologique s'engagea. Les intellectuels, s'appuyant sur la philosophie néoplatonicienne, élaborèrent une théologie près d'être monothéiste et finalement assez proche de celle qu'élaboraient les chrétiens ; les modernes appellent cette conception de l'hénothéisme. On en trouve une théorisation dans des traités de l'empereur Julien, par exemple *Sur le roi Hélios* et *Sur la Mère des dieux*.

Pour éviter la destruction des statues, recommandée certains jours par saint Augustin, condamnée d'autres jours par le même saint Augustin, quelques fidèles firent construire des chambres où ils les celaient : « maison de la cachette » à Carthage, à Athènes et en Anatolie.

Le culte impérial dura plus longtemps, d'abord parce qu'il avantageait le pouvoir, ensuite, parce que les prêtres devaient pratiquer un évergétisme auquel tous étaient sensibles. Le concile d'Elvire (Grenade) autorisa même les chrétiens à devenir flamines, à condition qu'ils ne pratiquent pas de rites païens.

XI. – **Les monothéismes**

Les Juifs, qui n'avaient plus le droit, en théorie, de revenir en Judée-Palestine, se répartirent à travers le monde. Les uns se réfugièrent en Iran, où ils furent bien accueillis et protégés. Les autres, qui restèrent dans l'Empire romain, furent en butte à des persécutions, comme toujours au demeurant. Ils se répandirent dans tout l'Orient, en Syrie, à Alexandrie et à Éphèse, en Occident également, surtout à Rome, dans une bien moindre mesure en Afrique. Ils purent néanmoins poursuivre l'élaboration d'un corps de doctrines surtout consacré aux rites, le *Talmud*. Ils créèrent aussi un art qui leur fut propre, qui a laissé des mosaïques, des lampes et des synagogues. Les thèmes iconographiques étaient empruntés à la Bible, faisaient référence à ce livre, ou au polythéisme. La synagogue comprenait deux pièces, l'une pour les hommes, l'autre pour les femmes, et un portique.

Les chrétiens furent un peu victimes de leur succès. Avec le nombre naquirent des hérésies et des schismes. En Afrique, des rigoristes n'acceptèrent pas d'accorder le pardon à ceux qui avaient faibli dans la persécution, donnant ainsi naissance au schisme donatiste, contre lequel l'évêque d'Hippone, saint Augustin, guerroya longtemps. En Orient, des théologiens, à la suite d'Arius, assurèrent que le Christ ne possédait que la nature humaine ; le concile de Nicée les condamna comme hérétiques, affirmant que le Christ était homme et Dieu à la fois. Mais leur doctrine marqua le IVe siècle et se répandit chez des barbares, en particulier chez les Goths. Ce conflit opposa donc les ariens et ceux qui s'appelaient orthodoxes, et qu'il vaut mieux désigner comme nicéens.

Au Ve siècle, le monophysisme, considéré comme une autre hérésie, enseignait que le Christ n'avait qu'une nature, et le synode de Chalcédoine le condamna.

Le culte s'organisa. Chaque cité chrétienne eut une hiérarchie ecclésiastique : les degrés supérieurs étaient constitués par l'évêque, supérieur des prêtres, des diacres et des sous-diacres ; au niveau inférieur se trouvaient les acolytes, les exorcistes, les lecteurs et les portiers. En parallèle se développait le monachisme qui fonctionnait avec des nones et des moines. Mais il ne faudrait pas imaginer une vague submergeant le monde : le mouvement se fit avec lenteur, cité après cité. Les chrétiens n'eurent pas, pendant longtemps, d'art religieux. Les premières traces visibles furent les groupes épiscopaux et, dans les églises, les sépultures privilégiées.

La mission perdurait, comme celle qu'a animée saint Martin en Gaule. Elle fut facilitée par la pratique de la charité chrétienne et par le monothéisme qui paraissait moderne : les vieux dieux étaient morts.

Chapitre IX

LA FIN DE ROME

I. – Le retour de la crise

L'année 364 fut l'année « de tous les dangers », comme l'a dit Ammien Marcellin. Les ennemis s'organisaient partout et de nouveaux barbares faisaient leur apparition. Valentinien Ier (364-375), pourtant modéré, associa à son pouvoir un arien fanatique, son frère Valens (364-378) ; le premier prit en charge l'Occident, le second l'Orient. Ce dernier ne réussit pas à chasser des Goths qui s'étaient installés dans l'Empire, en Thrace. Quand il voulut leur faire la guerre, il engagea mal la lutte et il fut vaincu et tué à Andrinople, un des plus grands désastres qu'eut à subir l'armée romaine (378). Son successeur, Théodose Ier (379-395), fut un maniaque de l'administration et de la religion. Il persécuta les juifs, les hérétiques, les schismatiques, les païens, et il s'intéressa même aux homosexuels qu'il voulait brûler vifs. Militairement, il ne brilla pas et sa pire sottise fut de partager l'Empire entre ses deux fils ; il confia à Arcadius (383-408) l'Orient et à Honorius (393-423) l'Occident. Ces derniers étant de médiocres chefs, le pouvoir fut exercé par leur entourage.

En 406, les Vandales, les Alains et les Suèves traversèrent le Rhin et ne le retraversèrent jamais. En 410, les Goths, qui voulaient gagner l'Afrique par mer, pillèrent Rome au passage ; leur flotte ayant été détruite par la tempête, ils repassèrent par la Ville qui fut de nouveau pillée. Cet événement eut une importance considérable sur les contemporains qui furent bouleversés. Les païens estimèrent que les chrétiens, qui n'honoraient pas les dieux, en étaient responsables. Curieusement, les chrétiens firent comme s'ils se sentaient coupables et répondirent. Saint Augustin expliqua dans *La Cité de Dieu* qu'il y avait une autre cité que la cité terrestre, une autre Rome que celle qui se trouvait sur le Tibre. Orose écrivit une *Histoire contre les païens* pour montrer que Rome avait connu des malheurs avant l'arrivée du christianisme.

Pendant le Ve siècle, l'Occident romain se transforma lentement en Occident barbare, pendant que l'Orient romain devenait l'Orient byzantin.

II. – **L'effondrement**

Les historiens se sont demandé si l'Empire avait été assassiné ou s'il était mort de sa belle mort (voir Conclusion). Ils n'ont jamais vraiment ouvert de débat pour déterminer à quel moment a fini l'histoire de Rome, si même elle a fini à un moment précis. Mais il suffit d'ouvrir les manuels pour voir que des solutions sont proposées au gré de l'humeur des auteurs. Autrefois, on admettait une rupture brutale, en 476, quand le Skire Odoacre déposa le dernier empereur, le mal nommé Romulus Augustule, et envoya à Constantinople les insignes impériaux. Depuis quelques décennies, il est admis par beaucoup d'historiens que des secteurs de la vie aussi importants que l'économie ont subi une lente évolution, voire n'ont pas changé du tout, comme on l'écrit parfois en se référant à la notion de « temps long » telle que l'a définie Fernand Braudel. D'ailleurs, dans le monde musulman, les « autres » sont toujours appelés, actuellement, les « Roumis », les Romains. Mais ce savant a toutefois distingué trois notions de temps, et deux d'entre elles sont souvent oubliées : le temps moyen et le temps court. De toute façon, il est faux de croire que l'agriculture n'a pas changé depuis le Néolithique jusqu'au XIXe siècle ; le climat, les techniques et les structures sociales, au moins, ont évolué. D'ailleurs, une telle permanence reviendrait à nier l'histoire. Les spécialistes d'histoire politique constatent que Constance II (337-361) fut le premier « empereur byzantin » par la sacralisation qu'il donna du pouvoir. Il fut au moins un précurseur et Justinien (527-565), même s'il se faisait appeler empereur des Romains, est en général considéré comme le dernier souverain de l'Antiquité ou le premier du Moyen Âge, suivant le point de vue adopté (on retrouve un même débat à propos de saint Augustin, dernier penseur de l'Antiquité ou premier du Moyen Âge). On peut aussi penser qu'un monde s'écroule quand la frontière est définitivement percée, quand la capitale est prise et quand la langue change. Or, en 406, les Vandales franchirent le Rhin ; en 410, Rome fut pillée par deux fois ; et, dans les années qui suivirent, le grec remplaça le latin comme langue officielle. À notre avis, le Ve siècle a vu la fin d'un monde, la fin du monde romain et même du monde antique.

CONCLUSION

L'Empire romain a duré dix siècles. Il n'est pas courant dans l'histoire de l'humanité qu'un empire ait connu une aussi longue existence. Et pourtant, comme on l'a dit, les Romains détestaient la guerre et ils aimaient la paix. À notre avis, quatre raisons expliquent ce phénomène.

On ne sera pas surpris de ce qui se présente en premier comme explication : les Romains avaient su organiser une armée supérieure à toutes celles qui existaient de leur temps, fondée sur un principe de qualité et sur un encadrement très compétent. En plus, ils avaient pris aux autres ce qu'ils avaient de meilleur, utilisant un armement disparate, grec, gaulois..., copiant la poliorcétique des Grecs.

Mais la force ne peut pas tout résoudre à elle seule. Les Romains avaient su associer les anciens vaincus à leur Empire ; les Latins, les premiers, après 338, en ont profité. Puis les Italiens, puis les provinciaux, ont participé au pouvoir (on eut des empereurs espagnols, africains...) et ont défendu leur domaine contre les barbares. Un aussi vaste Empire ne pouvait pas vivre sans l'adhésion des populations.

En troisième lieu intervient la psychologie collective. Les Romains n'aimaient pas la guerre, on l'a dit et redit. Mais une fois qu'elle était engagée, ils ne l'arrêtaient qu'à la victoire. Ils ont parfois eu du mérite à ne pas baisser les bras, notamment quand Hannibal eût détruit quatre de leurs armées. C'est là qu'intervint le Sénat, et le peuple romain ne l'oublia jamais.

Enfin, il faut citer l'économie. Certes, elle ressemblait à celle que connaissaient tous les peuples voisins. Mais les dieux furent longtemps favorables : le climat ne connut alors aucune saute brutale, aucune grande épidémie ne ravagea le monde. La démographie de l'Italie fut très puissante : Hannibal devait détruire plusieurs armées avant d'épuiser le potentiel de ses ennemis ; lui, il n'avait que peu de soldats et la moindre erreur lui eut été fatale. Toutefois, le droit romain, en imposant de partager un bien entre les héritiers, conduisit les hommes à pratiquer une relative limitation des naissances qui créa un équilibre entre la production et la consommation.

L'économie et la psychologie détraquèrent le mécanisme. Les soldats, en demandant ou en acceptant, on ne sait trop, des augmentations de salaires très fortes et très brutales, au début du IIIe siècle, épuisèrent les finances publiques, mais ni eux ni les empereurs ne le savaient, car ils ne connaissaient pas les mécanismes de l'économie.

Les empereurs, effrayés par les coups d'État à répétition, affaiblirent le commandement d'où étaient venues toutes les tentatives. Mais s'ils l'affaiblissaient sur le plan intérieur, ils l'affaiblissaient aussi contre les barbares.

La christianisation de l'Empire n'a rien apporté et a même un peu compliqué la tâche des militaires : il n'était pas facile de combattre avec en mémoire le commandement « Tu ne tueras point ». Quelques évêques ont même découragé quelques soldats : trois ans de pénitence pour celui qui tue en combattant, mais qui doit pourtant faire son devoir. Il devait être difficile de s'y retrouver quand on avait une petite culture !

La barbarisation de l'armée a sans doute plus affecté sa qualité. Un Goth n'est pas un Romain, en tout cas pas un vrai Romain. Et, même s'il peut être un bon combattant quand il se bat pour les siens, il reste à prouver qu'il ait été aussi efficace en luttant pour ceux qui, la veille encore, étaient ses ennemis.

De toute façon, nous savons que les civilisations sont mortelles. Et les empires plus encore.

BIBLIOGRAPHIE

MANUELS

Brizzi G., *Roma*, Bologne, Patron, 2012.
Le Glay M., Voisin J.-L. et Le Bohec Y., *Histoire romaine* (1991), Paris, Puf, 2016.
Martin J.-P., Chauvot A. et Cébeillac-Gervasoni M., *Histoire romaine*, Paris, Armand Colin, 2001.

GÉNÉRALITÉS

Alföldy G., *Histoire sociale de Rome*, tr. fr. É. Evrard, Paris, Picard, 1991.
Andreau J., *L'Économie du monde romain*, Paris, Ellipses, 2010.
Beard M., North J. et Price S., *Religions de Rome*, Paris, Picard, 2006.
Billault A., *La Littérature grecque*, Paris, Hachette, 2000, p. 173-279.
Gaudemet J., *Institutions de l'Antiquité*, Paris, Sirey, 1982.
Humbert M., *Institutions politiques et sociales de l'Antiquité*, Paris, Dalloz, 2009.
Le Glay M., *La Religion romaine*, Paris, Armand Colin, 1991.
Zehnacker H. et Fredouille J.-C., *Littérature latine*, Paris, Puf, 1993.

ORIGINES

Grandazzi A., *Les Origines de Rome*, Paris, Puf, 2003.

RÉPUBLIQUE

Grimal P., *Le Siècle des Scipions*, Paris, Aubier, 1953.
Harmand J., *L'Armée et le Soldat à Rome de 107 à 50 avant notre ère*, Paris, Picard, 1967.
Hinard F. (éd.), *Histoire romaine*. 1, *Des origines à Auguste*, Paris, Fayard, 2000.
Le Bohec Y., *Histoire militaire des guerres puniques*, Paris, Tallandier, 2014.
Nicolet C., *Rome et la conquête du monde méditerranéen. 1, Les Structures de l'Italie romaine*, 1995 et *2, Genèse d'un empire*, 1991, Paris, Puf, 2 vol.
Piganiol A., *La Conquête romaine*, Paris, Puf, 1995.

HAUT-EMPIRE

Bianchi Bandinelli R., *Rome le centre du pouvoir*, Paris, Gallimard, 1969.
Ferdière A., *Les Gaules*, Paris, Armand Colin, 2005.
Jacques F. et Scheid J., *Rome et l'intégration de l'Empire*. 1, *Les Structures de l'Empire romain*, Paris, Puf, 1990.
Le Bohec Y., *L'Armée romaine sous le Haut-Empire*, Paris, Picard, 2002.

–, *L'Armée romaine dans la tourmente. Une nouvelle approche de la « crise du IIIe siècle »*, Paris-Monaco, Le Rocher, 2009.
–, *Histoire de l'Afrique romaine (146 avant J.-C-439 après J.-C.)*, Paris, Picard, 2005.
–, *Naissance, vie et mort de l'empire romain*, Paris, Picard, 2012.
Lepelley C., *Rome et l'intégration de l'Empire. 2, Approches régionales*, Paris, Puf, 1998.
Petit P., *Histoire générale de l'Empire romain*, Paris, Seuil, 1974.
Sartre M., *L'Orient romain*, Paris, Seuil, 1991.

BAS-EMPIRE

Le Bohec Y., *L'Armée romaine sous le Bas-Empire*, Paris, Picard, 2006.
Maraval P., *Le Christianisme de Constantin à la conquête arabe*, Paris, Puf, 2001.
Turcan R., *Constantin en son temps*, Dijon, Faton, 2006.

TABLE DES MATIÈRES

Cet ouvrage a été mis en pages par JOUVE
1, rue du Docteur-Sauvé – 53101 Mayenne

Imprimé en France
par la Nouvelle Imprimerie Laballery
rue Louis Blériot 58500 Clamecy
février 2021 - N° 102135

La Nouvelle Imprimerie Laballery est titulaire de la marque Imprim'Vert®